非物质经济概论

程 延 著

中国财政经济出版社

图书在版编目(CIP)数据

非物质经济概论/程延著. —北京:中国财政经济出版社,2013.6
ISBN 978-7-5095-4522-5

Ⅰ.①非… Ⅱ.①程… Ⅲ.①非生产领域经济学-概论 Ⅳ.①F063.1

中国版本图书馆 CIP 数据核字(2013)第 101511 号

责任编辑:付克华　　　　　　责任校对:胡永立
封面设计:汪俊宇

中国财政经济出版社 出版

URL：http：//www.cfeph.cn
E-mail：cfeph@cfeph.cn

(版权所有　翻印必究)

社址：北京市海淀区阜成路甲28号　邮政编码：100142
营销中心电话：88190406　北京财经书店电话：64033436　84041336
北京中兴印刷有限公司印刷　各地新华书店经销
787×1092 毫米　16 开　12.75 印张　136 000 字
2013 年 6 月第 1 版　2013 年 6 月北京第 1 次印刷
定价：38.00 元
ISBN 978-7-5095-4522-5/F·3663
(图书出现印装问题，本社负责调换)
本社质量投诉电话：010-88190744
反盗版举报热线：88190492、88190446

自 序

人类发展自产生经济活动以来，为生存权而产生的物质经济活动伴随着人类的发展而不断趋于完善。与此同时，产生的非物质经济活动也在不同程度地发展和完善，以推动物质经济的发展和不断实现物质经济的最大效能。

非物质经济活动是人们在生产和生活过程中，依物质生产的条件和环境产生的、不依物质形态存在，而必须依物质条件为保障的人类的生产和生活活动。非物质经济活动确定了人与自然、人与人的真正和谐关系和依赖关系，确定了商品经济的价值基础。只有非物质经济的有序发展、深化发展才能促进人类物质经济有序地和谐发展，才能使人类在发展自己的同时不忘更加珍惜人类赖以生存的自然资源、环境资源。更加注意保护环境和节约资源。做到与环境和谐相处，共存共生。

今天，人类已经进入了新的发展阶段，也就是我们这本书要阐述的非物质经济时代。所以，我们对非物质经济的关注、研究、探讨、开发和利用，是提高我们幸福生活的必要条件。

经济学是指人们研究人类社会发展过程中进行物质和非物质生产、分配、交换、消费的社会理论科学。而非物质经济学则是专门研究人们进行非物质生产过程中的一般规律和发展方向，指导人们有序、有利地开展非物质生产活动、提高人们的幸福生活指数的科学。

非物质经济是相对物质经济而言，它不生产人们生活所需的保障衣食住行用的物质资料，但可以使保障衣食住行用的物质资料价值最大化，效率最大化，应用最大化，享受最大化，并把人们从物质经济的过度需求中

非物质经济概论

引导出来。

通俗地讲，物质经济是保障人们衣食住行用的基础经济，非物质经济是解决人们"望闻思乐美"和创造提高物质经济价值的高层次经济活动。即解决人们看什么、听什么、想什么、乐什么、怎样美。在经济价值中，它是物质经济的"魂"以及创造提升物质经济的内在价值。

物质经济活动是依赖生产资料而进行，劳动者只有与生产资料相结合，才能实现劳动的价值，生产出人类生产、生活所必需的物质资料。而非物质经济活动则与生产资料若即若离。既有相依性，又有独立性。当经济发展到了一定阶段后，满足人们生活需要的物质经济，则要在一定范围内部分地让位于非物质经济。特别是在不同社会制度下，它的突出点在于能使人民群众的生活最幸福、最美满。

纵观非物质经济的发展，我们看到人们生活的幸福指数无不与非物质经济活动相关联。只有非物质经济的高速发展，人们生活的物质欲望才能逐渐淡化，转而对非物质的追求和享受越来越强化。随着科学技术的发展进步，计算机技术、信息技术、空间技术、网络技术以及在此基础上进一步发展起来新的文化艺术，极大地改变了人们原有的生活方式。纯粹的物质经济已经远远不能满足人们的生活需要，而非物质经济的强大力量给我们原有的生产生活注入了新的元素。科学技术的发展进步，人类将走进全新的生活天地。这对正在转型的国家经济来讲，无疑是最大的机遇。我们今天加大对非物质经济理论的研究和探讨，对非物质经济的进一步深化认识和非物质经济的发展，对一个经济转型升级的国家的重要性关注，是摆在我们经济理论工作者面前的艰巨课题。

为了使人们能对"非物质经济"这一新概念、新思想有更加深刻明了的认识，使非物质经济在人类经济活动中的作用能最大化的发挥，我和清华大学社会学院共同发起成立了"清华大学非物质经济研究中心"，借清华大学的学术力量以共同推动人类非物质经济活动有序健康的发展，为全球经济的发展贡献微薄之力。小笔拙见，以飨读者。

目 录

第1章 非物质经济概述 (1)
一、后现代社会与非物质经济的崛起 (3)
二、不同时期的非物质经济表现 (9)
三、非物质经济关键词 (11)
四、本书的研究目的与意义 (15)
五、小结及本书结构 (17)

第2章 非物质经济与物质经济的区别和联系 (19)
一、物质经济定义 (20)
二、非物质经济与物质经济的区别 (21)
三、非物质经济与物质经济的联系 (26)
四、非物质经济与物质经济的价值差异 (31)

第3章 非物质经济发展的历程和成熟 (37)
一、从物质经济到非物质经济 (39)
二、非物质经济在发达国家 (40)
三、非物质经济在发展中国家 (61)
四、本章小结 (69)

第4章 非物质经济理论的哲学基础 (71)
一、哲学基础的重要性 (72)
二、非物质经济理论的哲学基础——天人合一 (74)
三、非物质经济理论与物质经济理论的哲学基础比较 (80)
四、本章小结 (85)

非物质经济概论

第5章 非物质经济理论与传统的物质经济理论的相通与促进 …… (87)
    一、重新审视经济增长 …………………………………… (88)
    二、经济增长理论的演变 ………………………………… (94)
    三、经济增长理论与产业结构优化 ……………………… (97)
    四、本章小结 ……………………………………………… (103)

第6章 非物质经济理论对物质经济发展的重要性 ……………… (104)
    一、物质经济发展与非物质经济发展相辅相成 ……… (104)
    二、非物质经济的发展有赖于非物质经济理论的进步 ……… (106)
    三、非物质经济的理论发展有赖于国家相关体制的保障 …… (109)
    四、非物质经济理论可以解决物质经济发展中的问题 ……… (111)
    五、本章小结 ……………………………………………… (118)

第7章 非物质经济理论研究的现实性、迫切性 ……………… (119)
    一、非物质经济理论研究的现实性 ……………………… (120)
    二、非物质经济理论研究的迫切性 ……………………… (128)
    三、本章小结 ……………………………………………… (136)

第8章 非物质经济与物质经济的价值差异 …………………… (138)
    一、经济价值上的差异 …………………………………… (139)
    二、文化价值上的差异 …………………………………… (140)
    三、社会价值上的差异 …………………………………… (142)
    四、本章小结 ……………………………………………… (145)

第9章 非物质经济的特性 ……………………………………… (146)
    一、生产总过程 …………………………………………… (147)
    二、非物质经济的特性 …………………………………… (157)
    三、本章小结 ……………………………………………… (164)

第10章 非物质经济的战略使命 ……………………………… (165)
    一、发展非物质经济是各国产业结构升级的必然要求 …… (165)
    二、发展非物质经济是世界各国提升软实力的内在选择 …… (167)
    三、发展非物质经济是提升民众幸福度的最佳途径 ……… (171)

  四、发展非物质经济是应对老龄化社会的有效方式 …… (173)
  五、发展非物质经济是实现循环经济的必经之路 …… (177)
  六、本章小结 …… (180)
第11章　结论：真正的绿色经济 …… (181)
  一、理念的转换 …… (181)
  二、中国发展非物质经济的优势条件 …… (185)
  三、中国发展非物质经济所面临的问题 …… (187)
  四、发展真正的绿色经济 …… (189)
  五、结语 …… (191)
后　记 …… (192)

第1章 非物质经济概述

数字化生存的和谐效应已经变得很明显了：过去泾渭分明的学科和你争我斗的企业都开始以合作取代竞争。一种前所未见的共同语诞生了，人们因此跨越国界，互相了解。今天在学校里上学的孩子，都有机会从许多不同的角度，来看待同一件事情。

数字化生存所以能让我们的未来不同于现在，完全是因为它容易进入、具备流动性以及引发变迁的能力。今天，信息高速公路也许还大多是天花乱坠的宣传，但是，如果要描绘明天的话，它又太软弱无力了。数字化的未来将超越人们最大胆的预测。当孩子们霸占了全球信息资源，并且发现，只有成人需要见习执照时，我们必须在前所未有的地方，找到新的希望和尊严。

——尼葛洛庞帝《数字化生存》

人与自然的关系、人与人的关系、人与自我的关系，始终是摆在人类面前的一个终极哲学命题，同时也是一个紧迫的、极具现实意义的命题。这三组关系贯穿于人类的政治、经济、文化和社会生活中的各个角落。就经济上而言，自从17世纪第一次工业革命以来，人类文明进入到一个前所未有的发展阶段，主要表现在物质财富的极大丰富，人们对衣食住行用的物质需求也尽可能地得到满足。依托于现代的科学技术，人类开始以大自然的征服者的身份自居，按照自身需要和生活方法来改造自然，改善生态环境。

然而，我们现有的物质经济的增长是依靠对自然资源的过度开采和消

非物质经济概论

耗而实现的。唯物质财富的价值取向不仅使得经济系统占据了整个社会系统的中心位置，更是以挤占和破坏更大的生态系统为代价。汽车、公路、铁路、楼房的增加，超大城市群的形成和扩张，侵蚀着湿地、荒野、森林在这个星球表面的覆盖面积，甚至淡水资源也在日益匮乏。这种物质经济的极度增长方式，伴随着全球化、城市化和现代化的大潮在世界范围内的推进，将会导致生态系统的彻底崩溃[1]。

解决之路在何处？1972 年，在斯德哥尔摩举行的联合国人类环境研讨会上提出了"可持续发展"（sustainable development）的概念。根据 1987 年《布伦特兰报告》的定义，可持续发展指的是既满足当代人的需求，又不对后代人满足其需求的能力构成危害的发展。人类社会与自然环境是一个密不可分的整体，人类社会既要达到发展经济的目的，又要保护好人类赖以生存的大气、淡水、海洋、土地和森林等自然资源和环境，使子孙能够永续发展、安居乐业[2]。

但是，正如布伦特兰报告所说的那样，可持续发展的核心依然还是发展，"可持续"只是一个修饰语。同时，"发展"的内涵仍然指的是物质经济的增长，可持续发展只是一种减少资源损耗、减慢自然破坏速度的物质经济增长。在现有的经济活动方式和经济结构以及现有的经济增长理论的指导下，人类对自然的攫取和破坏的速度将永远超过生态系统自我修复的能力；人类的经济活动对资源的损耗总有一天会到尽头。因此，如果"可持续发展"仍是以物质经济的增长为出发点和目标，人类发展就会陷入一个困境：

可持续发展——发展——经济增长——物质财富增长——挤占野生动植物的生存空间——发展不可持续[3]。

---

[1] 卢风："非物质经济、可持续发展与生态文明"，经济发展方式转变与自主创新——第十二届中国科学技术协会年会，福建，2010 年。

[2] 联合国世界环境与发展委员会："布伦特兰报告"，纽约：联合国，1987 年。

[3] 卢风："非物质经济、可持续发展与生态文明"，经济发展方式转变与自主创新——第十二届中国科学技术协会年会，福建，2010 年。

为了走出人类社会面临的这个困境，笔者认为，我们应该对当前开展的所有经济活动予以概括分类为"物质经济"和"非物质经济"两大类。为使经济发展更具有持续性，我们必须要以"非物质经济"来取代目前以"物质经济"为主的经济增长方式；以"非物质经济"的增长，作为推动人类社会的进一步发展的根本动力。这样才可能实现真正的可持续发展，达到人与自然、社会与生态的和谐。为了实现这一目标，我们迫切需要围绕"非物质经济"这一核心概念，发展和建立一套相对完整的发展方式和理论体系，准确指导我们重新审视面临的经济问题、生态问题，探求走出发展困境的思路和办法。例如，笔者认为，我们要把"发展"与"增长"区分开。借用经济学家赫尔曼·E.戴利的提法，"非物质经济"理论不再强调"数量上"的增长，而是关注"质量上"的改进。我们不再将"经济增长"和"物质财富增长"等同起来。在人们衣食住行用等基本需求得到满足的前提下，物质财富——或者说物质经济——可以放慢甚至不需要再增长，即经济系统和生态系统之间的物质流量不再增加，取而代之的是非物质经济的增长，以满足人类社会更高层次的需求①。因为，物质经济的增长是有限的，而且必须是有限的，但非物质经济的增长则是无限的。

那么，我们该如何定义和理解非物质经济呢？非物质经济具体包括哪些内容，它与物质经济有着怎样的关系，非物质经济理论的独特视角和创新之处又在哪里？这些都是本书将要回答的系列问题。首先，我们要考察"非物质经济"的崛起和作为一个重要概念所产生的时代背景。

一、后现代社会与非物质经济的崛起

（一）现代性的反思

现代社会有着巨大的成就，它充分满足了人类的物质需求，也造就了

---

① 卢风："非物质经济、可持续发展与生态文明"，经济发展方式转变与自主创新——第十二届中国科学技术协会年会，福建，2010年。

非物质经济概论

人类文明史上最大规模的知识生产和技术创新。同时,伴随着现代社会的发展,也产生了一系列让我们不可忽视的问题。在人与自然的关系上,人类为了追求物质财富的增长,对自然资源过度依赖和开采,对生态系统进行了不可挽回的破坏和浪费;在人与人的关系上,以资本主义生产方式和相对应的政治、经济、社会制度为条件,造就了原始资本积累的血腥以及难以取代的、持续性的剥削;在人与自我的关系上,法兰克福学派批判的"文化工业"使得本应多元而灿烂的文化变得单一而庸俗。

20世纪后期,针对可持续发展的问题、全球化及不平等的问题、文化多元的问题,一些发达国家的政治经济界领袖、第三世界国家的革命者们以及一批后现代的理论家们开始对这些问题发难,人类历史上开始涌动着一股对工业化和现代化的反思潮,至今方兴未艾。

全球化理论家罗伯森在他的《全球化:社会理论和全球文化》中说到,对文化问题的关注是当代社会学反身性(reflexivity)增强的一种体现,如果缺乏对现代性的文化自觉,那么就不会产生对文化的关注①。

非物质经济的提出和现代性反思、后现代理论或者反身性等概念是密切相关的。"非物质"一词登上社会公共话语的体系始于20世纪80年代,标志性事件之一就是1985年法国著名的后现代理论家利奥塔在巴黎的蓬皮杜国家艺术和文化中心发起的一场名为"非物质"(Les Immateriaux)的展览会。利奥塔的意图是希望借此让人们警觉,并反省现代性中所塑造出来的人与自然之间的不正常关系——利用自然、改造自然、征服自然。

另一位后现代理论大家鲍德里亚也以他的"符号的政治经济学"为当前我们所正经历的时代提供了一个理论源泉。鲍德里亚认为,资本主义的发展已经把人类带入了消费社会,而消费社会的一大特点就是对符号价值的痴迷。我们不妨把这看成是非物质经济的多种表现形式之一。他认为,符号价值的进一步发展,将要取代物理价值在整个经济和社会系统中的主导地位。"符号和编码繁衍并产生了其他的符号和新的符号机器。技术因

---

① 罗伯森著,梁光严译:《全球化:社会理论和全球文化》,上海人民出版社2000年版。

此在这个故事中取代了资本,符号制造术(semiurgy)——即形象、信息、符号的繁衍——遮盖了生产①。"这一论断对非物质经济的意义在于,它指出了未来经济活动中"非物质经济"(即符号价值)的重要性。它预示着,在后工业时代,符号价值将取代物质财富,成为社会分层的标准;人们对符号产品的向往和消费,将使非物质经济成为人类社会经济活动的重心所在。

(二)技术的可实现性

除了以上哲学层面的思考外,我们在现实生活中也深切体会到,这个世界已经被"符号"所覆盖了。尤其是信息技术的诞生和发展,正革命性地改变着人类社会,为非物质经济的发展提供了技术上的可实现性。

尼葛洛庞帝在20世纪90年代就预言道:"今天,信息高速公路也许还大多是天花乱坠的宣传,但是,如果要描绘明天的话,它又太软弱无力了。"现实的发展印证了他的洞见和判断。世界各地的人、物、信息,除了通过信息高速公路这一纽带而连接在一起外,"数字化"或者说"信息"已经成为了当今人类生产生活的重要组成部分——信息高速公路的畅想在"云计算"等新概念面前,的确已成明日黄花。

正如曼纽尔·卡斯特在其巨著"信息时代三部曲"第一卷《网络社会的崛起》中说得那样,信息技术的发展,正在逐步瓦解现代社会中已有的制度和结构。网络社会是一个历史趋势,主要的社会功能和社会进程都将围绕着网络展开。网络构成了新的社会形态,网络的内在逻辑主导了生产、生活、权力、文化等重要社会活动②。

我们可以看到,与工业革命以及之前其他所有的技术革命不同,信息革命更加具有"革命性":它不再依托于自然界的资源和能源,而是将信息作为推动经济发展的主导力量和基本元素。信息产业作为非物质经济的

---

① 凯尔纳·波德里亚著,陈维振译:《一个批判性的读本》,江苏人民出版社2005年版。
② 曼纽尔·卡斯特著,夏铸九译:《网络社会的崛起》,社会科学文献出版社2006年版。

非物质经济概论

重要组成部分,同时为整个非物质经济的发展提供了技术基础。

(三) 非物质经济的定义

那么,什么是"非物质经济"呢?我们应该怎样来定义这个概念呢?笔者认为,"非物质经济"是人们在社会生产和生活中不以消耗物质资源为主的价值再创造活动。其成果运用到物质经济活动中,将大大提高后者的价值。一般而言,物质经济主要解决的是人们在"衣食住行用"方面的需求,非物质经济着重解决的是人们在"望闻思乐美"等精神层面的追求。从产业部门来看,非物质经济主要体现在文化、科技、金融、艺术、医疗、信息、网络、品牌、展览、教育服务等领域。由于"非物质经济"是相对"物质经济"这一概念提出的,笔者在定义"非物质经济"时,也是以"物质经济"为参照点的。下面笔者简单说明一下我们在做出这个定义时的一些考虑。

对非物质经济概念的定义和概括,首先得从对人本身的认识说起。人是世界上唯一的文化动物(cultural animal),即能够制造和使用符号的动物(symbolic animal)。人类学家告诉了我们:一切的文化,除了物质形式的以外,都是以符号的形式而存在的[①]。

如前所述,鲍德里亚的符号政治经济学分析也是从人类学研究的视野和方法中衍生出来的。正是早期人类学对异民族的文化符号和文化现象——纹身、图腾、面具、祭祀、仪式——的关注,启发了鲍德里亚对于现代消费社会中人们对消费图腾的崇拜研究。

法国著名的社会学家布迪厄将"资本"的表现形式分为三类:经济资本、文化资本和社会资本。在他看来,除了看得见、摸得着的经济资本之外,文化资本和社会资本都是看不见的,都是以"非物质的形式"存在的[②]。区别于传统的经济学理论,一个关于非物质经济的理论体系应该深

---

① 俞建章、叶舒宪:《符号:语言与艺术》,上海人民出版社1988年版。
② 布迪厄著,蒋梓骅译:《实践感(第一卷)》,译林出版社2003年版。

入研究文化资本和社会资本在社会经济活动中的重要作用。

此外，要定义"非物质经济"，就不能不涉及可持续发展研究中的"非物质化"概念（Dematerialization）。"非物质化"指的是工业产品所用原材料的重量逐渐减少的趋势。针对物质经济的不可持续性，从可持续性的角度来说，非物质经济是以实现"无资源消费"的繁荣为目标的；"非物质"并非完全不使用任何物质及能源，而是指试图实现最大限度地节省资源和能源的高附加值、高福利经济①。"非物质化"是一个动态的过程，强调的是从物质转向非物质的趋势。在这里，"非物质经济"是依附于"物质经济"的一种优化模式。在笔者看来，这种看法似乎低估了"非物质经济"的重要性和发展潜力。

非物质经济区别于物质经济的另一个方面，是非物质经济提供的不是真正意义的"产品"，而是产品带给人们的"服务"。"产品"只是提供"服务"的终端（service delivery machine），"服务"才是核心所在②。因此，非物质经济除了大幅度提高物质经济的附加值之外，另一个重要目的就是满足人们的精神需要，超越对物质的需要和依赖。从这个意义上讲，非物质经济也是生产和消费精神价值的经济活动③。

从笔者掌握的资料来看，世界银行、联合国、经济合作与发展组织（Organization for Economic Co-operation and Development，OECD）等国际组织尽管还没有对非物质经济给出过确切的定义，但这些机构使用的一些相关概念对我们定义和理解"非物质经济"是有借鉴意义的。例如，世界银行的"服务类行业"的定义，就与非物质经济分布的产业部门相关。联合国经济和社会事务部统计司发布的《所有经济活动的国际标准行业分类（修订本第3版）》（ISIC/Rev3）第50—99类即是服务类行业，包括批发

---

① 谢芳、李慧明："非物质化与循环经济"，《城市环境与城市生态》，2006年第19期。
② Erik Sundin, Bert Bras. Making Functional Sales Environmentally and Economically Beneficial Through Product Remanufacturing [J]. Journal of Cleaner Production, 2005, (13): 913 - 925.
③ 卢风："非物质经济、可持续发展与生态文明"，经济发展方式转变与自主创新——第十二届中国科学技术协会年会，福建，2010年。

非物质经济概论

和零售贸易、运输、政府、金融、专业和个人服务等①。具体内容如表1-1所示②。

表1-1 所有经济活动的国际标准产业分类（第3版）第50—99类

门类 G	批发和零售业；汽车、摩托车及个人和家庭用品的修理
门类 H	旅馆和餐馆
门类 I	运输、储存和通讯
门类 J	金融媒介活动
门类 K	房地产、租赁和商业活动
门类 L	公共管理与国防；强制性社会保障
门类 M	教育
门类 N	卫生与社会工作
门类 O	其他社区、社会和个人服务活动
门类 P	雇佣家政服务人员的私人家庭的活动和私人家庭的无差别生产活动
门类 Q	域外组织和机构

OECD则对"知识经济"进行了定义：知识经济指的是在发达经济体的发展过程中，更加趋向于依赖知识、信息和技术水平来满足日益增加的商业和公共服务需求③。这与我们对"非物质经济"的理解不谋而合。

除此之外，传媒界的学者提出了"意义经济"的概念。指出人们消费的不只是文化产品里传递的信息，而是信息里所包含的内容、文化和意义。因此，文化产品是一种意义产品，是一种"意义经济"。"意义"概括起来说，就是人对自然或社会的认识，是人给对象事物赋予的含义，是人类以符号形式传递和交流的精神内容。人类在传播活动中交流的一切精神

---

① http://data.worldbank.org.cn/indicator/NV.SRV.TETC.ZS，最后访问时间：2012年9月27日2时41分。
② 联合国经济和社会事务部："所有经济活动的国际标准行业分类（修订本第3版）"，纽约，联合国，2004：37-42。
③ OECD, the Measurement of Scientific and Technological Activities: Guidelines for Collecting and Interpreting Innovation Data: Oslo Manual, Third Edition prepared by the Working Party of National Experts on Scientific and Technology Indicators, OECD, Paris, 2005, 71.

内容，包括意向、意思、意图、认识、知识、价值、观念等等，都包括在意义的范畴之中①。

符号、服务、知识、意义，非物质经济的内涵不可谓不广。因此，《第三次浪潮》的作者阿尔文·托夫勒（Alvin Toffler）认为"非物质经济"是信息经济、知识经济、符号经济等表述的统称：包括信息、数据、形象和意象以及态度、价值标准和社会的其他符号化产物②。在这里，符号价值是商品的信息价值，卡尼曼称其为体验效用。

我们看到，包括马克思在内的传统经济学家只承认商品具有二重属性，对以"信息、体验、符号"为特征的这第三重属性由于环境和时代的限制，还没有足够的认识。虽然商品的象征价值一直存在，但是只是到了当代消费社会中，这种符号价值才被全面开发和受到关注③。可见，非物质经济是物质经济发展到特定阶段才被认识的产物。因此，对非物质经济予以足够的重视和研究，也是时代的召唤。

二、不同时期的非物质经济表现

我们认为，非物质经济是建立在物质经济基础之上的；是依附于物质经济而存在和发展，而且非物质经济从人类社会诞生起就在一定范围、一定程度上存在。因此，我们有必要对非物质经济在不同历史时期的表现和发展历程进行一番梳理。

麦克尔·哈特和安东尼奥·奈格里在其《帝国——全球化的政治秩序》一书中将中世纪以来的经济文化范式变迁分为三个阶段：17世纪前、17～20世纪、20世纪后期至今（见表1-2）。

---

① 谭天："传媒经济的本质是意义经济"，《国际新闻界》，2010年第7期。
② 托夫勒著，刘炳章译：《力量的转移：临近21世纪的知识、财务和暴力》，新华出版社1996年版。
③ 叶舒宪："非物质经济与非物质文化遗产"，《民间文化论坛》，2005年第4期。

非物质经济概论

表1-2　　　　　　　中世纪以来的经济文化范式变迁①

历史时期	17世纪前	17~20世纪	20世纪后期至今
形态次序	第一范式	第二范式	第三范式
理想型	前现代	现代化	后现代化
经济主导	农业	工业	文化产业
社会追求	自给自足	生产主义	消费主义
图腾景观	哥特式教堂	大烟囱	迪斯尼乐园
代表作	堂吉诃德	摩登时代	怀念狼
流行观念	基督教神学	一元启蒙主义	多元文化主义
自然条件	人口少资源丰	人口爆资源竭	物种灭绝、生态危机
核心人力	耕作	制造	创意
关键词语	不发展	发展是硬道理	可持续
关键信念	禁欲主义	物质主义	非物质
主要威胁	瘟疫、自然灾害	大屠杀	艾滋病—核武器
技术标志	灌溉—风车	蒸汽机	电脑—网络
媒介样式	口传—书写	印刷文本	数码文本

可以看出，这种分类方法是根据工业革命和信息技术革命为切割点，按前现代—现代—后现代的宏观理想社会形态进行划分的。这种分类的方法无疑可以给我们对不同阶段的非物质经济表现形式提供借鉴和宏观社会背景。

按照麦克尔·哈特和安东尼奥·奈格里的划分，笔者也同样将非物质经济的发展分为三个时期：17世纪前、17~20世纪、20世纪后期至今。

具体来说，17世纪前，非物质经济主要表现为基于人类与生俱来的文化和精神需求的经济活动，比如文学、艺术等。到了第二个时期（17世纪至20世纪），人类开始逐步进入现代社会。伴随着这一进程，非物质经济进入了蓬勃发展的阶段。这一阶段的非物质经济主要体现为两种具体的形式：品牌经济和文化产业经济。

品牌经济指的是人们在物质经济的基础上，以品牌为主要载体对物质

---

① 麦克尔·哈特、安东尼奥·奈格里著，杨建国译：《帝国——全球化的政治秩序》，江苏人民出版社2003年版。

经济符号化，对其赋予独特的意义。品牌经济的产生是人们对于千篇一律的工业产品的反抗，是第一次大规模地对"文化意义"的追求；非物质经济在这一阶段的另一个具体表现形式是文化产业经济的繁荣。"文化"、"知识"不再仅仅是附着在物质产品之上的用于消费的一个差异性"符号"，而是直接成为消费对象，例如，传媒业、教育培训业、咨询服务业、金融业。詹姆逊对文化产业有着非常精彩的论述，他写道："非物质劳动的产品是人们智力、文化、感情的凝聚，从而使文化和经济趋于一体化。一方面，文化融入经济之中，文化、意识直接地变成了产品，如娱乐业、出版业、媒体影视等，出现了所谓的文化产业。另一方面，经济融入文化之中，商品生产包含着诸多文化意蕴，吸引消费者的不仅是产品的使用价值，而且是产品的形象、品牌和美感。从某种意义上可以说，我们的社会是一个形象社会，一个以审美方式为外表的符号消费的社会[①]。"

非物质经济发展的第三个时期是20世纪后期至今。随着互联网和信息技术的发展，非物质经济超越了相对具象的"文化"、"知识"的范畴，进入了相对虚拟的"信息"时代。信息和网络不仅仅是消费的对象，而且是将生产关系和社会关系组织起来的方式。对于互联网和信息技术在非物质经济中的重要性，我们在本文的其他章节还将有具体的阐述。

三、非物质经济关键词

在对"非物质经济"这一概念进行定义之后，我们从价值观念、体现形式和组织方式等维度解析与"非物质经济"相关的一些关键词。

（一）观念思潮：多元文化主义、可持续发展

1. 多元文化主义

文化多元并不是现代社会才有的现象。早在古代埃及和罗马，不同文

[①] 詹姆逊：《现代性、后现代性和全球化》，中国人民大学出版社2004年版。

非物质经济概论

化背景的民族就和睦地相处于同一个社会。在前现代时期，一些社会甚至在法律上承认不同宗教的存在，并想方设法调和宗教派别之间的冲突。然而，文化多元并不等同于多元文化主义，前者主要是对一种现象的描述，后者则是一种政治理论和意识形态。如果说文化多元描述的是不同文化的共存，多元文化主义则不仅接受不同文化的共存，而且还承认不同文化的差异，并平等对待它们。即使在今天，多元文化主义还是一个备受争议的社会理论。

多元文化主义对经济的影响也是明显的。20世纪60~70年代，主要资本主义国家的工人运动、学生运动、女权运动以及生态运动的广泛兴起，极大地挑战了以福特主义为特征的规训体制，提出了构建新的生产范式和体验新的生活方式的要求。在主要的资本主义国家中，规训体制不再能成功地容纳年轻人的需求和愿望，他们拒绝工厂社会式的令人窒息的重复，开拓了具有流动和弹性的新型劳动方式以及新的生活方式。掌握知识的新型大学生更是拒绝这种单调的、毫无创造性的规训劳动，他们希望在知识和智力的基础上构建新的、体现主体独立价值的劳动模式。而女权主义者则拒绝父权的控制和结婚成家、生儿育女的传统生活模式，希望提升传统的妇女工作的社会价值。生态运动则对忽视生态环境代价而以经济增长为目标的传统生产模式大加挞伐。在这些以多元文化主义为共同理论基础的社会运动的推动下，大众对社会生产和新型主体生产的价值的重新评估推动了生产方式的转化①。这为我们认识和关注"非物质经济"建立了有利的社会思想环境。

2. 可持续发展

20世纪70年代，特别是第一次石油危机爆发后，自然能源、原材料和一些农产品价格的陡然上升，极大地增加了生产成本，使主要资本主义国家靠能源消耗来推动经济增长的生产模式遭到巨大冲击，日益难以为继，迫切需要改变传统的生产方式，增加知识和技术的含量，同时减少能

---

① 陈志刚："非物质经济与社会变革"，《马克思主义研究》，2007年第6期。

源、资源在生产结构中的重要性①。

由于可持续发展涉及自然、环境、社会、经济、科技、政治等诸多方面，所以，由于研究者所站的角度不同，对可持续发展所作的定义也就不同。大致有以下几方面：

（1）侧重自然方面。"持续性"一词首先是由生态学家提出来的，即所谓"生态持续性"，意在说明自然资源及其开发利用程序间的平衡。1991年11月，国际生态学联合会和国际生物科学联合会将可持续发展定义为："保护和加强环境系统的生产和更新能力"，其含义为可持续发展是不超越环境，系统更新能力的发展。

（2）侧重社会方面。1991年，由世界自然保护同盟、联合国环境规划署和世界野生生物基金会共同发表《保护地球——可持续生存战略》，将可持续发展定义为："在生存于不超出维持生态系统涵容能力之情况下，改善人类的生活品质"，并提出了人类可持续生存的九条基本原则。

（3）侧重经济方面。爱德华·B.巴比尔在其著作《经济、自然资源：不足和发展》中，把可持续发展定义为"在保持自然资源的质量及其所提供服务的前提下，使经济发展的净利益增加到最大限度"。皮尔斯认为："可持续发展是今天的使用不应减少未来的实际收入"，"当发展能够保持当代人的福利增加时，也不会使后代的福利减少"。

（4）侧重科技方面。斯帕思认为："可持续发展就是转向更清洁、更有效的技术——尽可能接近'零排放'或'密封式'工艺方法——尽可能减少能源和其他自然资源的消耗"。

（二）表现形式：文化产业、信息产业

1. 文化产业

与科技、金融、艺术、医疗、教育等领域并列，文化产业是非物质经济的一个重要组成部分。文化产业（culture industry），这一术语产生于20

---

① 陈志刚："非物质经济与社会变革"，《马克思主义研究》，2007年第6期。

世纪初。最初出现在霍克海默和阿多诺合著的《启蒙辩证法》一书之中。联合国教科文组织关于文化产业的定义如下：文化产业就是按照工业标准，生产、再生产、储存以及分配文化产品和服务的一系列活动。

中国文化部对文化产业和文化事业是分开定义的。文化产业是与文化事业相对应的概念，两者都是国家文化建设的重要组成部分。文化产业是社会生产力发展的必然产物，是随着中国市场经济的逐步完善和现代生产方式的不断进步而发展起来的新兴产业。2004年，中国统计局对"文化及相关产业"的界定是：为社会公众提供文化娱乐产品和服务的活动，以及与这些活动有关联的活动的集合。所以，中国对文化产业的界定是文化娱乐的集合，区别于具有意识形态性的文化事业。

尽管文化产业在不同社会里的表现方式可能不同，但文化产品的精神性、娱乐性等基本特征是相同的。简言之，文化产业是具有精神性、娱乐性的文化产品的生产、流通和消费活动。

2. 信息产业

信息产业指的是将信息转变为商品的行业，它不但包括软件、数据库、各种无线通信服务和在线信息服务，还包括了传统的报纸、书刊、电影和音像产品的出版。今天的信息产业的概念，是在知识产业研究的基础上产生和发展起来的。最早提出与信息产业相类似概念的是美国经济学家弗里兹·马克卢普。他在1962年出版的《美国的知识和分配》一书，首次提出了完整的知识产业的概念，分析了知识生产和分配的经济特征及经济规律，阐明了知识产品对社会经济发展的重要作用。尽管马克卢普没有明确使用信息产业一词，并且在所界定的范围上与现行的信息产业有所出入，但基本上反映了信息产业的主要特征。

到了1977年，美国斯坦福大学的马克·波拉特在马克卢普对信息产业研究的基础上，发表了题为《信息经济：定义与测算》的9卷本内部报告，把知识产业引申为信息产业，并首创了四分法，为信息产业结构方面的研究提供了一套可操作的方法。他把社会经济划分为了农业、工业、服务业、信息业四大类。

（三）组织方式：全球化、网络化

1. 全球化

全球化是 20 世纪 80 年代以来在世界范围日益凸现的新现象，是当今社会的基本特征。全球化还没有统一的定义，一般来说，从物质形态来看，全球化是指货物、资本的越境流动，经历了跨国化、局部的国际化以及全球化这几个发展阶段。货物与资本的跨国流动是全球化的最初形态。物质形体的全球化促进了非物质形态的全球化，产生了相应的地区性、国际性的经济管理组织与经济实体，促进了文化、生活方式、价值观念、意识形态等精神力量的跨国交流、碰撞、冲突与融合。

2. 网络化

信息技术的发展是带来组织方式网络化的首要技术因素，而非物质的劳动改变了工作的条件，使工作时间和闲暇时间、工厂和家庭之间的区分越来越不明显。在工业社会中，生产几乎完全是在工厂里进行的。"在通往信息经济的道路上，流水线已被作为生产的组织模式的网络所代替，在每一个生产地点和众多生产地点之中改造了合作和通讯的方式[①]。"非物质劳动以信息技术为依托，所追求的是一种创意、信息、情感、文化，这就使得它可以突破时间与空间的限制，打破国家与地区之间的限制，使生产变得个人化、分散化[②]。

四、本书的研究目的与意义

笔者撰写此书，旨在对非物质经济的概念和理论进行初步的介绍和梳理。其意义主要体现在以下几个方面：

首先，笔者希望集前人研究之大成，在多个学科综合研究的基础上，

[①] Michael Hardt, Antonio Negri. Empire [M]. Harvard University Press, 2000：295.
[②] 詹姆逊：《现代性、后现代性和全球化》，中国人民大学出版社 2004 年版。

非物质经济概论

明确提出"非物质经济"的定义。即人们在社会生产和生活中不以消耗物质资源为主的价值再创造活动。其成果运用到物质经济活动中,会大大提高后者的价值。非物质经济是信息经济、知识经济、符号经济等表述的统称,包括信息、数据、形象和意象以及态度、价值标准和社会的其他符号化产物。

非物质经济是相对物质经济而言的,它不生产人们生活所需的保障"衣食住行用"的物质资料,但可以使保障"衣食住行用"的物质资料价值最大化、效率最大化、应用最大化、享受最大化。物质经济活动是依赖生产资料而进行,劳动者只有与生产资料相结合,才能实现劳动的价值,生产出人类生产生活所需的物质资料。而非物质经济活动则与生产资料若即若离。既有相依性,又有独立性。当经济发展到了一定阶段后,满足人们生活需要的物质经济,则要在一定范围让位于非物质经济。通俗地讲,物质经济是保障人们"衣食住行用"的基础经济,非物质经济是解决人们"望闻思乐美"和创造提高物质经济价值的高层次经济活动。即解决人们看什么、听什么、想什么、乐什么、美什么,能使人民群众的生活更幸福,更美满。

其次,本书将从哲学理念的角度重新阐述"天人合一"这一观念在现代经济和社会生活中的指导作用。这里所指的"天人合一"理念,更多的是对工业社会中极端的"人本主义"的批判。"天人合一"的思想要求人类既不能做自然的奴隶,又不能凌驾于自然之上;在处理与自然的观念上,应努力使人类社会各方面的活动——尤其是经济活动——与生态系统协调一致,维护人与自然的辩证统一性。这是发展"非物质经济"的核心问题,这也是对"发展是硬道理"这一思想的进一步解读:发展强调的是"质"的提高,而不仅仅是"量"的增长。

最后,建立和发展一套围绕"非物质经济"而产生的"非物质经济理论",对完善和修正现有的经济学理论,指导人类社会的进一步发展,具有紧迫而重大的意义。笔者认为,以开发和攫取自然资源为基础的物质经济的增长是不可持续的,因此,物质经济的增长是"有限的增长";而以知识、信息、创意、文化为基础的非物质经济的增长则是无限的。同时，现有的经济学理论，是建立在对以物质经济为主的经济活动的研究之上的；与当前经济和社会的发展现状和未来发展趋势不相符。如果说传统经济学是研究人类社会发展过程中物质的生产、分配、交换、消费的社会科学。而"非物质经济学"则是专门研究人们进行非物质生产过程中的一般规律和发展方向，指导人们有序、有利地开展非物质生产活动，并可有效地保护现有资源，使现有资源效用最大化，以提高人们的生活幸福指数，建设"生态文明"的美好社会。

探索和建立一个完善的、成体系的非物质经济理论，有利于我们找到新的经济增长点和经济发展模式。非物质经济尊重知识、尊重经验，这对于进一步发挥老年人的价值，使老年人尽其所能，应对进一步到来的老龄化社会也是非常有裨益的。在非物质经济理论的指导下，我们不再把焦点局限在物质经济的生产和消费上，而把非物质经济作为未来人类社会经济活动的主要发展方向。根据笔者的分析和推算，未来的经济体系中大约有95%的经济总量属于非物质经济范围，而只有5%的经济是物质经济。

纵观非物质经济的发展，我们看到人们生活的幸福指数无不与非物质经济活动相连。只有非物质经济的高速发展，人们生活的物质欲望才能逐渐淡化，转而对非物质的追求和享受越来越强化。随着科学技术的发展进步，计算机技术、信息技术、空间技术、互联网技术以及在此基础上进一步发展起来的新的文化艺术，极大地改变了人们原有的生活方式。纯粹的物质经济已经远远不能满足人们的生活需要，而非物质经济的强大力量给我们原有的生产生活注入了新的元素。社会群体更多的享受是依赖非物质经济带来的产品。

五、小结及本书结构

科学技术的发展进步，人类将走进全新的生活天地。这对正在转型的中国经济来讲，无疑是最大的机遇。我们今天加大对非物质经济理论的研

非物质经济概论

究和探讨，对非物质经济的进一步深化认识和非物质经济的发展十分重要。毫无疑问，建立非物质经济的理论体系是摆在我们面前的艰巨课题。本书作为对这个课题的一项探索性、概论性的著作，将包括以下九章的内容：

第1章是对非物质经济的概述。对非物质经济的概念进行了定义，提出了非物质经济的技术、文化和社会基础。第2章讨论非物质经济与物质经济的区别和联系。是对非物质经济和物质经济这两种经济形态的系统比较。第3章回顾非物质经济的发展历程，提供了若干国家非物质经济发展的案例。第4章探讨了非物质经济理论的哲学基础以及非物质经济背后所蕴藏着的价值观。第5章从辩证统一的角度，讨论了非物质经济理论与传统经济理论的相通与促进。第6章将理论与现实相结合，阐述了非物质经济理论对物质经济发展的重要性。在接下来的第7章，我们进一步指出了非物质经济理论研究的现实性、迫切性，第8、9章论述了非物质经济与物质经济的价值差异、非物质经济的战略使命。第10章以"真正的绿色经济"为题对本书进行总结。并结合中国的现状，探讨了发展"绿色经济"的条件和途径。

第 2 章 非物质经济与物质经济的区别和联系

维多利亚时代的批评家马修·阿诺德曾经这样描述过灵魂的焦灼状态："在两个世界之间仿徨，一个已经死了，另一个还未诞生。"中国目前的情况正是这样，旧的时代正像一件衣服似的渐渐变旧，而新的时代、新的文明（包括政治文明）、新的规范与生活方式尚在形成之中。

每个爱思考的人都会时常思考这样一个基本问题："生命的目的何在？"

唐山大地震时期，江青语出惊人：中国这么大，抹掉个唐山又有什么了不起，绝不能让走资派们以灾害冲击政治——其结果是讽刺性的，不顾人民死活的江青被人民所抛弃。

中国自从改革开放以来，中心工作一直都是"以经济建设为中心"，但在经济已经高速增长了30年的现在，或许是到了赋予这个口号与时俱进的新内涵的时候了。改革开放之初的"以经济建设为中心"相比于"以阶级斗争为纲"是伟大的进步，但是在实践中慢慢变成了"以GDP为中心"和"以GDP增长为考核干部政绩为中心"，"发展是硬道理"也变成了"经济增长是硬道理"，唯物质经济增长的理论指导下出现了各种现实矛盾和事与愿违的偏差。

在现阶段，确实已经到了除了关注人民基础保障的"衣食住行用"基本需求的物质经济增长外，逐步开始关注到人们望、闻、思、乐、美等更高需求的非物质需求的时候了。

非物质经济概论

一、物质经济定义

我们借用美国企业家保罗·霍肯在他的《下一代经济》一书中对"物质经济"所下的定义。作者认为"物质经济"是以廉价原料、资源、能源（特别是矿物燃料）作为发展支柱的经济。"物质经济"的基本特征是：机械化程度不断扩大，劳动分工不断专业化，掠夺性地耗用大量自然资源[①]。物质经济是满足人们的"衣食住行用"基本需要的经济，是以耗费物质资源为主要劳动对象的经济。体力劳动者是劳动者的主体，物质财富则是财富的主要表现形式。

物质经济活动是依赖生产资料而进行，劳动者只有与生产资料相结合，才能实现劳动的价值，生产出人类生产生活所需要的物质资料。农业经济是以动植物、土地资源为基础的经济，工业经济是物质经济发展的高级阶段。土地、劳动（体力劳动）是农业经济的主要劳动资源；资源（物质资源，主要是无生命物质资源）、资本（资本的背后仍然是物质资源）则是工业经济的主要劳动资源[②]。

物质经济的主要特征有：物质资源是主要的劳动资源，整个物质经济以物质为中心，生产、分配、交换、消费、管理皆以"物"为主；物质产业是基本产业，社会生产主要是物质生产，其主要任务是生产物质产品，满足人民"衣食住行用"等物质消费的需要；体力是人类的主要劳动力，人类在生产中的劳动力支付以体力为主，体力是人体肌肉收缩过程中所产生的能改变物体外形和状态的力量，体力是人所具有的物质性的劳动能力。

物质经济具有资料性、稀缺性、独占性（或称排他性）以及消耗性的特征。

---

① 向洪编著：《当代科学学辞典》，成都科技大学出版社1987年版。
② 林德宏："从物质经济到知识经济"，《江南学院学报》，第十四卷，第一期，Vol. 12 No. 1，1999年。

二、非物质经济与物质经济的区别

针对物质经济的资料性、稀缺性、独占性以及消耗性等特点,下面将从核心生产要素、生产组织方式以及自由贸易与全球化等三个方面,探讨非物质经济与物质经济的区别。这样,我们才能更好地认识到物质经济在当今世界出现的一些问题和局限性,理解非物质经济如何以更好的方式对物质经济的缺陷、瓶颈进行弥补突破,探讨更加有利于人类福祉的新的经济发展模式。

(一)核心生产要素

笔者认为,物质经济的生产函数只考虑劳动和资本的稀缺性,而非物质经济同时考虑环境因素等的稀缺性。

物质经济活动是依赖生产资料而进行,劳动者只有与生产资料相结合,才能实现劳动的价值,生产出人类生产生活所需的物质生活资料。物质经济的经济范式是数量性扩展(增长),是一种物理性的增长。其生产函数主要是生产过程实现的投入品与最终产出之间的数量关系,并假定产出为Q,两种投入品为劳动L和资本K,生产函数表达为:$Q = F(K, L)$[①]。

在物质经济里面,生产函数只是考虑劳动和资本的稀缺性,而不考虑生态环境的稀缺性。产出主要是物质性的增长,没有考虑包括信息经济产出、品牌经济产出、符号经济产出、幸福指数等效益。而我们所强调的非物质经济,不单纯考虑产出的物质性增长,还考虑知识经济产出、信息经济产出、品牌经济产出、符号经济产出、服务经济产出、计量经济产出、幸福经济产出等更为丰富的内涵。

传统物质经济发展观的核心理念以及分析前提是把经济看作不依赖外

---

① 卢锋:《经济学原理》,北京大学出版社2002年版。

非物质经济概论

部环境的孤立系统,认为产出是可以无限制增长的。而我们认为,非物质经济发展观的核心理念及分析前提则强调经济只是更大的有限生态系统的子系统,因此宏观经济的数量性增长是有规模的,而不是无限的。

在工业经济社会的开始,当人造资本是稀缺的限制性因素的时候,追求经济子系统的数量性增长是合理的。但是,随着经济子系统的增长,当整个生态系统从一个"空的世界"转变为一个"满的世界"的时候,当自然环境所提供的资本替代人造资本成为稀缺的限制性因素的时候,经济子系统就需要从关注"量"的增长,转换为提高"质"的发展。经济发达国家首先需要为非物质经济的发展做出努力;[①] 作为发展中国家,则是要利用好后发优势,在"唯物质经济论"发展观造成不可弥补的损失之前,认识到发展非物质经济的重要性,在经济发展模式上及时做出相应的改进和调整。

(二) 生产组织方式

物质经济的发展没有将对自然环境的影响考虑进成本,工业革命之前尚能和生态系统保持一定程度的均衡。但在工业革命之后,整个社会的生产组织方式与整个生态环境的矛盾越来越突出。我们所倡导的"非物质经济",重视经济活动对生态系统的影响,强调以有限的资源实现最大的可持续发展,实现社会经济系统与生态环境的协调。

物质经济理论中,稀缺的是劳动力和资本,整个生态系统作为外在条件,没有进入生产成本的考量之中。在工业革命开始之前,人类活动总体上是与生存的生态系统相协调的。人类的主体居住在农村,以耕种农田为主。土地是财富的基本来源,马和其他牲畜为主要动力,风车、帆船和水车作为补充动力,为耕种、碾磨、开采和交通提供了大部分"能源"[②]。除了一些矿业和渔业之外,财富几乎全部来源于土地。

[①] 赫尔曼·E. 戴利著,诸大建、胡圣,等译:《超越增长——可持续发展的经济学》,上海译文出版社2009年版。

[②] 至少欧洲是如此。在中国和印度,尽管缺乏定量数据,但人的肌肉可能起着重要作用。

然而，自从18世纪末以来，工业革命一方面促进了技术、财富的迅速增长，另一方面也改变了人类社会（尤其是经济系统）与自然环境之间的关系。在物质经济理论中，国家财富的增长是通过对自然资本禀赋的开采和耗竭而实现的。这不仅包括化石燃料，还包括森林、渔业、良田和矿产资源。对于像化石燃料这样的某些物质资源，技术的进步尚且能够提供可行的替代物——例如，光电电力（PV）和太阳氢[①]。一些稀有元素，如黄铜和锡，其用途也可以被玻璃和铝之类的非稀缺元素替代。但自然赋予的其他一些资源，特别是表层土、清洁水、新鲜空气、宜人气候和生物圈，是不能通过技术替代的。因此，自然资源的可替代性是有限的。尽管技术进步使自然资源的发现、开采、处理和利用的效率得以提高，但从长期来看，资源可获得性的增长速度远远赶不上物质经济增长的需求。物质经济的增长与支撑它所需的自然资源之间是严重失衡的。

相应的，非物质经济的生产组织方式强调可持续的经济增长。强调在不损害未来生态系统支持人类需求能力的基础上，满足当代人需求的经济增长。非物质经济的增长模式强调最大限度地减少自然资本损耗，通过挖掘和利用非物质经济要素，促进比如符号经济、品牌经济、文化经济、服务经济等部门的增长。在以有限的资源满足物质生产的前提下，通过发展非物质经济来提高人们的生活质量及幸福感。

非物质经济的发展旨在满足文化、审美、精神层面的需求以及提升物质经济的价值和使用效率，而不是参与类似军备竞赛式的物质GDP的比拼。非物质经济改变了整个社会生产方式和社会再生产过程，不仅实现了资源节约，又能对经济资源实行重新整合和配置，达到资源配置的帕累托最优，使人类以相对更少的物质资源实现更高质量的经济发展。

---

① 来自电解水，使用PV电池。

非物质经济概论

> **专栏 2-1　　由征服性技术向调适性技术转变**
>
> 　　所谓征服性技术就是追求日益强大的征服力和控制力的技术,例如,我们制造越来越大的挖土机,控制规模越来越大的自然过程。20世纪五六十年代,我们还只能在三门峡上建电站,到了20世纪90年代,就可以在三峡上建电站,这表明我们的征服力越来越大。在医疗领域,制造越来越强的抗菌素,也是征服性技术的例子。
>
> 　　我们的技术必须放弃对越来越强的征服力的追求,转向追求调适性的技术,研究经济系统如何更好地与生态系统相协调,人类的经济活动如何能不破坏生态系统。比如,消灭害虫的时候,不是研制毒性越来越强的杀虫剂,而是利用天敌来遏制"害虫"的种群。
>
> 　　资料来源:(英)阿瑟·刘易斯著,周师铭、沈丙杰、沈伯根译:《经济增长理论》,商务印书馆1983年版。

(三) 自由贸易与全球化

物质经济通过全球性的自由贸易加剧了贫富差距,非物质经济则更加强调从内部入手发展国内生产。物质经济使得发展中国家以牺牲环境为代价谋求物质财富的增长,非物质经济则强调发展中国家要利用后发优势寻求可持续全面发展。

大部分的经济学家,受到以物质经济为基础而建构起来的经济学理论的影响,都同意两个观点:(1)经济增长——通常以GDP来衡量物质性增长——是非常好的事情;(2)通过自由贸易达成全球经济一体化是无可争辩的——因为它有利于竞争、使产品更加便宜,并促进了GDP的增长。可正是基于这些经济学原则的经济社会政策及生产组织方式,不仅在不断地削弱地球供养生命的能力,并且发达国家通过世界分工体系向发展中国家转移物质经济生产,占据以非物质经济(符号、品牌、文化、概念、技术等)为主的产业链的高端,来剥削仍然停留在物质经济"温床"中的发展中国家。虽然发展中国家名义上获得了物质经济的增长，但与发达国家之间的距离却越来越大。物质经济与非物质经济在全球生产体系中的不均衡分布，产生了"马太效应"，即富国更富有，穷国更贫穷。

非物质经济理论认为，发展中国家应该拒绝以自由贸易、自由资本流动和出口导向为内容的全球经济一体化思想，走向更加国家化的定位——即以内部市场为首选发展国内生产，只有在明显高效率的情况下参与国际贸易。发展中国家应该把物质经济和非物质经济一起抓，要考虑非物质参数（技术、偏好、收入分配等），要有自己的创新能力和文化传承，利用后发优势，在人民生活福祉上追上甚至超过发达国家。凯恩斯曾经说过，"我支持使国家之间的经济纠纷最小化而不是最大化的人。思想、知识、艺术、热情、旅游本质上应该国际化。但对于物品的制造，只要合理且方便，就应国家化，而且首要的是应该使金融基本上国家化[①]。"

专栏 2-2　　　　　　　金融与信用卡

人类近代史的多次重大变革都是由金融家推动的，其变化的动因都隐藏在金融信贷活动的秘密之中。

1901 年，埃德温·莱夫勒在其小说中写道："现在，股票操纵者们诞生了，这是自发的而非他人之工。他们的技巧极其复杂……这要求操纵者具有无比的魄力和判断力、理解股票市场的技术条件、具有非凡的独创性和敏锐的思维能力、绝对了解人性、仔细研究赌博这个奇怪的心理现象、长期与华尔街公众相处并熟悉美国人奇妙的想象力；此外，还必须彻底了解所需雇佣的形形色色的经纪人，他们的能力、缺点、个人品质以及他们的价码。"

这本一百多年前的小说中的描述，放在今天，仍然可以用来非常

---

① J·M·凯恩斯（1933）："国家的自给自足"，载《约翰·梅纳德·凯恩斯著作集》，第21卷，唐纳德·莫格里奇编（伦敦：麦克米伦和剑桥大学出版社）。

贴切地形容华尔街上的那些金融家。而这里所要说的，正是在物质经济的弊端之下，非物质经济中的金融信贷所扮演的重要角色。金融家通过形形色色的金融信贷工具对人类历史中的重大变革产生影响。透过漫长的人类文明演化史，我们惊讶地发现，从生产方式的重大跃升、意义深远的战争，到王权的更替、大国的兴衰和财富的神话，金融家常常是幕后的推手。

华尔街这个闪耀全球的名字令很多人都心驰神往。它是世界的金融中心，是金钱和财富的代名词。在这里，金钱与理想完美结合，财富与梦想交相辉映。在美国成长与发展的历史过程中，几乎每一次重大的变革事件华尔街都参与其中，甚至可以说，华尔街的成长发展史几乎浓缩了美国历史的全部过程。

信用卡越来越被人所喜爱，也是非物质经济发挥作用和创造价值的一个典例。南希·谢泼德森在其《信用卡美国》中说，"如今，一个人的信用卡被注销的后果就像中世纪的人被教会开除了教籍。"信用卡一方面作为一个集金融业务与电脑技术于一体的高科技产物，是一种便捷的支付工具；另一方面，信用卡还可以作为理财工具，充分发挥理财的功能。信用卡业务的开展对于促进经济的流通和提高居民生活水平发挥了积极的作用。它通过给人们提供更好、更便捷的服务，不仅创造了经济价值和财富，也提高了人们的主观幸福感受。

三、非物质经济与物质经济的联系

（一）产业链的低端与高端

物质经济和非物质经济分别处在产业链的低端和高端，前者是后者的物质基础，后者提升了前者的价值空间。物质经济从根本上讲，满足的是人们在"衣食住行用"等方面的需要，即维持生命总体的存在需要；而非物质经济满足的是人们的望、闻、思、乐、美等精神需要。物质经济处在产业链的低端，具有先行性和基础性；非物质经济处在产业链的高端，通过知识、科学技术在物质经济生产过程的渗透，对物质经济进行增值和提升。

恩格斯在悼念马克思逝世时说："正像达尔文发现有机界的发展规律一样，马克思发现了人类历史的发展规律，即历来繁茂芜杂的意识形态所掩盖着一个简单的事实：人们首先必须满足衣、食、住、行等基本物质生存需求，然后才能从事政治、科学、艺术、宗教等活动；所以，一个民族或一个时代一定的经济发展阶段直接的物质生活资料的生产，便成为基础，人民的国家制度、法的观点、艺术以致宗教观点，就是从这个基础上发展起来的……①"。

20世纪80年代末，法国思想家布迪厄在他的《资本的形式》里论述了"文化资本"和"社会资本"在当代社会的功能及其转换规则问题。他特别提到，与"经济资本"相比，文化资本和社会资本更多是以"非物质的形式"存在的。非物质形式的文化资本和社会资本，也可以被看作是"象征资本"。

物质经济的历史局限性在现代工业经济中表现得非常充分，主要表现为物质资源的高消耗、生态环境的高污染和物质生产的边际效益递减等。在世界体系的产业分工上，发达国家更注重非物质经济的发展，而发展中国家只能以牺牲环境和低价劳动力为代价发展物质经济，前者对后者存在着实质上的剥削关系。

专栏2-3　　　　反思自由贸易全球化

1. 自由贸易使得贸易国产生依赖性和职业选择范围缩小，追求物质经济的同时不能更好的发挥非物质经济的乘数效应；物质经济之外也应该考虑社会福利和幸福经济。

专业化和自由贸易会使一个社会的独立性降低，并削弱了其独立

---

① 《马克思恩格斯全集》，第19卷，人民出版社1963年版，第374~375页。

非物质经济概论

的生存能力。专业化后，一个国家不能再自由地选择是否贸易，如果没有小心地保持某些基本要素的自给自足，在谈判中会很被动。

在全球性的专业分工体系下，一个社会中人们职业选择范围的缩小很少当作牺牲掉的福利成本，尽管它非常重要。大部分人的快乐不仅取决于怎样去消费，同样也取决于他们怎样谋生。

例如，像乌拉圭这个国家，它在牛羊畜牧业上有明显的比较优势，如果严格按照专业化和国际贸易的原则，乌拉圭人只有两种职业可以选择：做牛仔或牧羊人。然而，为了维持一个国家共同体，乌拉圭人意识到除了需要基本的农业和工业之外，还需要他们自己的法律、金融、医疗、保险和教育服务。即使蒙受一些效率上的损失，这种多样性对于乌拉圭是很有必要的。从个人角度来看，职业选择范围的增加也应该被算作福利的增加。甚至对于牛仔和牧羊人来说，他们的生活也会因为有其他的选择以及能与不同职业的同胞交流而变得丰富起来。因此，乌拉圭人要组建自己的交响乐团，虽然从成本收益上计算，他们完全可以靠羊毛、羊肉和皮革的出口，邀请最好的交响音乐团来演出。问题的关键是，在只关注物质经济的概念框架里，缺乏衡量福利的一个社会尺度。非物质经济的提出，也是对这个问题的反思。

2. 自由贸易的低标准竞争导致的成本外部化，充分显示了物质经济的弊端；非物质经济对于经济和社会福利能发挥更大的作用。

自由贸易导致的竞争加剧确实带来了更便宜的产品①。——但使得产品更便宜有两种途径：提高实际效率，或仅仅使成本外部化。在激烈的竞争环境下，企业都有使成本外部化的动机。在一个国家内部，可以用法律和制度来惩戒生产成本外部化的行为。在国际上这类

---

① 自由贸易的定义：私人和企业之间跨越国界的不加管制的交换和转移。自由贸易的反面不是自给自足，而是受管制的贸易——即，国家共同体对那些同共同体之外成员的交换进行的管制。这种管制目的是保护国家共同体的大众利益。

法律则较少，并且每个国家的法律及执法强度都不尽相同。由于较低的标准意味着较低的成本和价格，发展中国家对外资的竞争则促使了低标准（即成本外部化）的产生，从而使建立在高标准基础上的贸易共同体变得不可维持。例如，一个禁止使用童工的经济体很难与一个允许使用童工的经济体进行公平竞争。它或者降低标准使用童工，或者因为不得不与国外的童工竞争而导致破产。

国际社会做了很多努力，确保一些成本的内部化，例如工作场所的安全、最低工资、福利方案、社会保障、工作时间、童工的废除、医疗保险、污染控制、事故责任等。但由此产生的困境是，这些社会和环境措施使成本增加，抵挡不住来自采用低标准国家的竞争。结果是世界大部分的生产都转移到那些使用最低标准的国家。这些国家的贸易出口额占有的份额越来越大。我们看到，很多产业根本不是往全球最有效率的地方在转移①！

3. 作为限制性要素的自然资本：自然资源成为人类冲突之源。

渔业的发展受自然资本即鱼的生育数量所限，而非人造资本渔船的限制。实际上很多渔船都是闲置的。那些自然资本有限的国家因此在全球寻找现存的、需要的自然资本；他们同那些发展程度较低、并愿意提供自然资本的国家做贸易。贸易使得一些国家通过从其他国家进口自然资本从而超越了它本身的地理承载能力而发展。个别国家的这种趋势将导致世界经济以超过它与生态系统相适应的规模发展。因

---

① 有些经济学家认为所有成本都应内部化，那些看起来无法计算的成本仅仅反映了人们对这部分价值没有支付意愿。X国没有污染控制仅仅因为它不愿意支付净化空气和水的费用。他们不愿意支付是因为对价值的期望值低或他们的收入低。这种在支付意愿上的差异，不管理由如何，被认为是造成比较优势的合法原因，而成本内部化程度的差异则不是。相应地有两点需要强调。首先，不管支付意愿上的差异如何，成本内部化程度上的确存在很大差异。第二，即使问题只局限在支付意愿上，那么很有可能某个国家的支付意愿同另一个国家大相径庭，这样就构成了限制贸易的一个很好理由。如果X国对于限制每天工作16小时的童工有非常低的支付意愿，那么在这种现实情况下，Y国没有义务让自己的公民也承受类似的负担，或接受这种低支付意愿的事实从而通过自由贸易对自己的雇佣体系和共同体生活施加压力。当评估基础是反映X国支付意愿的价格而非Y国的相关标准时，世界的资源将通过自由贸易得到更加有效的配置。

非物质经济概论

为贸易的初衷是减轻自给自足和闭关自守造成的环境约束，它产生了一个幻觉：以为更多的贸易会进一步减轻这种约束。

自由贸易还导致了生产利润与环境成本之间越来越大的地理分离，使两者的比较更加困难，从而很容易破坏两者之间的平衡。此外，由于贸易促使企业不断合并，每个国家所面临的严峻的环境约束将更具全球性和并发性。

无论在世界何处，通过将资源的储备和吸收的能力转移到需要的地方，自由贸易将会使流通量不断增长，并付出环境不断恶化的代价。它将大大削弱本地社区对当地环境和生产方式的可控性。因为自由贸易能够促进流通，因此被看作新古典主义增长经济学的正面案例。然而，从可持续或"非物质经济"的角度看，任何使经济增长超过环境承载规模的贸易都是违反经济和生态规律的。

4. 自由贸易与知识产权。

一般来说，让信息在各国间自由流动，比物品和资本的流动更为可取。当你在传播信息时，与销售商品不同的是，你并没有失去这条信息，你仍然拥有它。你所放弃的只是对这条信息的专有权，这种专有权赋予了信息交换价值。但是你仍然拥有其全部的使用价值。从人们意识到信息的存在开始，就在争论如何为它定价，如何实现信息资源的有效配置。

新知识的生产是有成本的，因此我们赋予发明人一定时间的专利权作为对创造新知识、新技术的激励。那么其他的激励呢，例如奖金、一次性酬劳，或者给发明人高额的薪水？最终目的是在于不要人为地使新知识成为稀缺品，影响其效益的发挥。

资料来源：（美）赫尔曼·E.戴利著，诸大建、胡圣等译：《超越增长——可持续发展的经济学》，上海译文出版社2001年版。

（二）提倡道义的非物质经济发展模式

针对"物质经济"而提出的"非物质经济"反映着我们对经济活动的

认识的转变：人类的经济活动与自然世界这个有限的、非增长的、物质上封闭的生态系统的关系应该是怎样的关系？笔者的观点之一，就是用质量性改进（发展）的经济模式来代替数量性扩展（增长）的经济模式。

1987年，由联合国资助的布伦特兰委员会在《我们共同的未来》中把"可持续发展"定义为"在满足当代人需求的同时，不牺牲后代人的需求满足能力的发展"。"非物质经济"发展观的核心思想之一就是"可持续发展"。

物质经济的经济观念建立在经济发展与生态和谐分裂的思想基础上，而非物资经济的经济观念则要求将经济发展与生态和谐进行整合性思考。我们要以可持续发展、建设生态文明为社会发展的指导思想，在满足人们基本生活需求的前提下，更多地重视如何满足人们的望、闻、思、乐、美等精神需求，全面提升人们的幸福感。这种基于"非物质经济"的发展观，才可以引导人类社会走上全面文明、生态和谐的发展之路。

为了建立一种"道义"的非物质经济发展模式，我们首先应该对劳动及其所得减少征税，而对自然资源的使用多征税。其次，在设立短期经济目标时，要实现对自然资源的使用效率的最大化，同时需要长期坚持对自然资源的维护和投资，保持或增加其整体的供给水平。再次，我们应该认真反思以自由贸易、自由资本流动和出口导向的增长为核心内容的全球经济一体化模式，鼓励各国以满足国内的物质和精神需求为主来发展经济，只有在明显具有比较优势和高效率的情况下才参与国际贸易。最后，我们要提高社会创新能力，以提高人类的总体福祉为目标，推动非物质经济的发展。

四、非物质经济与物质经济的价值差异

以"物质经济"为主的发展观，过多关注物质财富的增长，过分强调其意义，而"非物质经济"的发展观则是建立在对一味注重物质增长而产生的经济社会问题的深刻认识和反省的基础之上，并为此指出解决问题的

非物质经济概论

途径。

单一的强调物质经济的发展，只能滋长人类对未来的悲观情绪，甚至让部分人产生反发展的消极意识。而非物质经济的发展观念则是弘扬物质经济发展与非物质经济发展相互促进，以实现经济发展和生态和谐的双赢。

物质经济的发展观念偏重于从物质和数字层面讨论经济、社会问题，而非物质经济的发展观念强调从技术、物质到体制、文化、精神、幸福感受的全方位透视和跨学科的视角。

总之，物质经济的发展观念就是"以增长论发展"，较少深入探究工业化以来人类发展和经济增长方式上存在的严重问题；而非物质经济的发展观念，则洞察到藏匿于工业文明的发展理念和生活方式之中的单一物质经济维度，希望提供一条新的发展道路。非物质经济的发展观念更加关注人类文明的精神层面，注重知识和信息的意义，强调知识经济、信息经济、符号经济、服务经济、品牌经济、计量经济等新经济形式的价值。

（一）经济价值上的差异

在物质经济与非物质经济中经济价值的比较上，我们主要以供求关系理论为框架来进行分析。

物质经济理论所考察的需求是源于人欲望的，同时又具有支付能力的需求，是消费者在某一特定时间内，在各个可能的价格水平下，愿意且能够购买的商品和劳务的数量。它反映的是商品需求量与该商品价格之间的一种关系。需求函数：$Q(d) = f(p)$，或者 $Q(d) = a - bP(a, b > 0)$，它表示商品的价格和需求量之间成反方向变动的关系。

在非物质经济的概念框架中，社会不断地向前发展会产生相应的非物质经济需求，其实质是消费者的一种精神需求，是对非物质经济所代表的符号价值、品牌价值、信息价值、文化价值等的一种感官体验的需求。

物质经济学所考察的供给，是相对于需求来说的，是指生产者在某一特定的时期内，在某一价格水平上愿意而且能够提供的某种商品和劳务的数量。供给也是价格的函数，Q(s) = f(p)，或者 Q(s) = c + dP(c, d ≥ 0)，它表示商品的价格和供给量之间成同方向变动的规律。非物质经济的供给要素不是一般物质经济学中的供给，而是知识、符号、信息、品牌、文化等非物质要素的国内供给，是通过知识创新而产生或民族文化历史沉淀和积累所得。其供给在短期内弹性较低，但可发挥的经济价值却是不可估量的。

均衡的最一般意义是指经济活动中有关的变量在一定条件的相互作用下所达到的一种相对静止的状态。均衡价格决定于市场上需求量和供给量相等的状态（供需曲线的交点），此时的价格就叫均衡价格。非物质经济相关的产品需求量的变动是与消费者物质经济收入水平的变动、非物质经济产品品质变动等相关。与物质经济相比，由于人们在精神层面的追求是无限的，因此，非物质经济很少会达到均衡状态。尤其是在法律制度对知识创新的保护不足、文化保护意识不强、创新能力欠缺的情况下，非物质经济的产品价格不能完全由市场需求量和供给量来决定。

（二）文化价值上的差异

所谓文化价值，就是指那些凝结在人们通过实践活动所创造的物质产品和精神产品中，能够满足人们的物质和精神文化需要的价值[①]。

物质经济主要关注人们的"衣食住行用"等物质上的需求和享受，在效用价值上，更关注物品在量上的满足。比如玩具，工业化的成批量生产可以极大地降低单件玩具的生产成本，从而可以让家长以更少的支出满足孩子对玩具在种类和数量上的需求。

非物质经济思考如何纠正由现代性所塑造出的人与自然之间的征服与劫取的不正常关系，思考包括符号经济在内的非物质经济与物质经济所体现的文化价值差异，思考文化的多元性，思考文化的传承与创新。非物质经济产品所提供给消费者的效用源于它所能带给消费者在望、闻、思、

---

① 侯长林："对文化价值分类的再认识"，《铜仁师专学报（综合版）》，2002年第1期。

非物质经济概论

乐、美等主观感受上的独特享受，其边际效用会随着非物质经济产品，比如，文化旅游产品、品牌产品等的抄袭和模仿而降低。以非物质经济的核心部分之一的文化产业为例，实质就是用商业化的方式满足人们的多种情感需要、精神需要和归属需要。再如服务业，则覆盖了从健康教育、金融到交通、娱乐与广告等广泛的范围。这些工作具有高度的流动性，需要从业人员对知识的灵活运用。工作以知识、信息、感情和交际为主。非物质经济产品只有保持其独特性和高品质才能增加消费者的需求。而且非物质经济产品强调社会、文化的多元性，有利于文化的传承和知识的创新。

以符号经济为例，同注重物质生产的物质经济不同，在追求文化附加值的符号经济中，与整体消费行为相联系的不再是简单的经济实力，而是与文化密切相关的各类新的消费概念，符号可以给平淡无奇的商品赋予深厚的意义。新的消费概念和消费模式更加关注的是消费现象的表征，而不是经济实力。所以不是消费定义文化，而是文化引导消费，表象化的消费造就了一种符号化的经济模式。符号文化从多个方面引导消费，比如，对特定消费品的概念包装，对消费所需氛围的营造，对消费的意识形态渲染，为消费者树立生活的偶像等等。例如电影《阿凡达》通过瑰丽磅礴的文化探寻，将被现代性所打压的深厚文化资源成功转化为巨大的非物质资本。

再比如从中国和一些中等发达国家为何处于产业链低端就是因忽略了非物质经济的没有人文关怀的物质经济，在创新上会是匮乏无力。进入数字时代，人们早已经习惯了电子产品的日新月异。但全球消费者对苹果平板电脑的热情的确是近年来少见。从外观上看，iPad 不过是一台不带键盘的触摸屏笔记本电脑，何以能够如此吸引眼球？苹果公司向媒体首次介绍该产品时，有业界人士认为它无非是一款介于苹果手机和苹果电脑之间的折中产品，并断言道："有了苹果手机和苹果电脑，谁还再需要它？"事实证明他们错了。主要拿起 iPad，你会觉得自己进入了一个全然不同的互联网世界。用苹果公司原总裁乔布斯的话说："捧着它，你就像把互联网捧在了手上。"非物质经济的文化价值即在于此；而物质经济与非物质经济的价值差异也显然：苹果公司一种带视屏的 mp3 播放器，售价 149 美元，付给中国制造商的装配成本仅 5 美元，苹果公司所得纯利润高达 90 美元。非物质经济对物质经济的增值效应可见一斑。

（三）社会价值上的差异

接下来笔者主要从公共物品理论的角度探讨物质经济和非物质经济在社会价值方面的差异。

公共物品的定义有广义和狭义之分。狭义的公共物品仅指国防、灯塔等具有完全的非竞争性和非排他性的纯公共物品，而广义的公共物品指除了纯私人物品之外的所有物品。介于纯公共物品和纯私人物品之间的物品成为准公共物品，具有不同程度的公共性。公共物品最基本的特性就是非竞争性和非排他性①。

物质经济的发展只看到了社会价值中物质财富的增长，认为只有物质财富增长，经济才能算增长。工厂越来越多，楼房越来越高，高速公路、高速铁路越来越多，汽车越来越多，飞机越来越多，才能算经济增长和社会价值提高。这里看不到和忽视了社会价值中，森林、荒野、湿地越来越少，野生动植物的生存空间越来越小，越来越严重的生态失衡等造成的社会价值另一方面的下降，很少考虑公共物品及其所关联的社会价值；非物质经济在发展中充分考虑经济活动对公共物品的影响，考虑环境、森林资源、空气质量等因素，从公共物品角度关注发展的代价和成本。

非物质经济发展观是生态、社会、经济三方面优化的集成。非物质经济发展是为了足够的人均福利而奋斗，使过上这种生活状态的人数达到最大化。非物质经济的核心思想"可持续发展"，要求经济规模上的足够、社会分配上的公平、经济配置上的效率三个原则同时起作用。足够，强调人均财富的目标是足够过上满足基本需求的好生活而不是物质消耗最大化

---

① （英）阿瑟·刘易斯著，周帅铭、沈丙杰、沈伯根译：《经济增长理论》，商务印书馆 1983 年版。

非物质经济概论

的生活;效率,是指对自然资本的有效利用能允许更多的人生活在足够的生活状态中;公平,是强调足够这样一种生活状态应该被所有人所拥有。今天的世界,一些人的生活超过了足够,而另一些人则远远低于足够,在分配上是高度不平等的;同时,以日益增长的速度消耗资源和损坏自然资本。因此,不能满足所有人基本需要的物质经济系统不能被认为是有效率的[①]。

非物质经济是一种超越物质经济增长的发展;非物质经济发展强调对当前以增长为中心原则的数量性发展观进行反思,建立以福利为中心原则的质量性经济发展价值观。

一方面,物质经济随着时代的发展和人类对福祉要求的提高,表现出很多的局限性和弊端,非物质经济针对这些问题提供了一套解决办法和思路。另一方面,我们也要防止非物质经济文化所催生出的新的符号经济、信息经济、品牌经济等的非物质经济可能产生的负面现象,例如对虚拟世界的沉迷、对消费的图腾崇拜等,这些也是人的异化的新表现。正如古人所说,"仓廪实则知礼节,衣食足则知荣辱"。

我们认为,物质经济是非物质经济发展的基础,非物质经济的发展是建立在一定的物质经济发展的基础上的。我们一方面要认识物质经济和非物质经济的区别和联系,另一方面把握好两者的共同发展,全面提高人民福祉。在接下来的一章里,我们将梳理非物质经济的发展历程,并介绍一些国家在非物质经济发展中的可圈可点之处。

---

① (美)赫尔曼·E. 戴利著,诸大建、胡圣译:《超越增长——可持续发展的经济学》,上海译文出版社2001年版。

第 3 章　非物质经济发展的历程和成熟

> 这是最好的时代，这是最坏的时代，
> 这是智慧的时代，这是愚蠢的时代；
> 这是信仰的时期，这是怀疑的时期；
> 这是光明的季节，这是黑暗的季节；
> 这是希望之春，这是失望之冬；
> 人们面前有着各样事物，人们面前一无所有；
> 人们正在直登天堂；人们正在直下地狱。

这是狄更斯在《双城记》中一段著名的话，或许也是对当今社会的写照。人类文明经历了几千年的发展，经历了农业社会、工业社会，到如今的信息社会，经济发展模式也随着人类社会的各种变化而变化。传统的我们所习惯的一切似乎都已经改变，这是一个突飞猛进的时代，这是一个眼花缭乱的时代，这是一个"被碾平了的世界"①。在不到一百年的时间里，无论是经济学家还是社会学家，抑或是每一个在这个时代生活的普通人，都为眼前的事物变迁所惊叹，也不免在纷乱的世界中茫然甚至无所适从。经济学家们往往陷于传统经济学的概念中，因而将很多经济现象都贴上"新经济"、"网络经济"、"信息时代"的标签。

---

① ［美］托马斯·弗里德曼著，何帆、肖莹莹、郝正飞译：《世界是平的》（第二版），湖南科学技术出版社 2006 年版。

非物质经济概论

30多年前的1980年,阿尔文·托夫勒推出了《第三次浪潮》① 一书,给世人以极大的震撼。在该书中,托夫勒将人类历史划分为三个浪潮阶段:"人类到现在已经经历了两次巨大的变革浪潮。这两次浪潮都淹没了早先的文明和文化,都造就了前人所不能想象的生活方式。第一次浪潮的变化,是历时数千年的农业革命。第二次浪潮的变革,是工业文明的兴起,至今不过三百年而已。而今天的历史发展甚至更快,第三次浪潮的变革可能只要几十年就会完成。我们正生长在这急剧转变的时刻,因而在生活中感受到第三次浪潮的全面冲击。"

托夫勒以他深刻的洞见准确地概括了第一次浪潮——农业革命和第二次浪潮——工业革命,并且预言了第三次浪潮,更预测:"当代经济方面最重要的事情是一种创造财富的新体系的崛起,这种体系不再是以肌肉(体力)为基础,而是以大脑(脑力)为基础。"

但是要如何形容第三次浪潮的这个时代和社会,托夫勒也没能找到合适的描述,"对于这一巨大变革的全部力量和广度,我们搜集了一些形容它的措词。有人说这是一个隐约可见的'空间时代','信息时代','电子时代',或者是环球一村。Z. 布热津斯基说,我们面临着一个'电子技术时代'。社会学家丹尼尔·丹尔称它为'后工业社会'。苏联未来学家说这是'科学技术革命'。我自己曾把它描写成一个'超工业社会'。但是,包括我自己的在内,没有一个命题是合适的。"②

托夫勒之后还用了20多年的时间,观察人类社会和经济的变化,并在2006年出版《财富的革命》③ 一书,将"知识"作为经济和时代的核心问题来论述,然而托夫勒并没有提出一个准确的关于当前经济发展的概念。根据托夫勒的定义,"知识"这个字眼将具有更广泛的词义,它包括信息、

---

① [美] 阿尔文·托夫勒著,朱志焱、潘琪、张焱译:《第三次浪潮》,新华出版社1996年版。

② [美] 阿尔文·托夫勒著,朱志焱、潘琪、张焱译:《第三次浪潮》,新华出版社1996年版,第3~4页。

③ [美] 阿尔文·托夫勒著,吴文忠、刘微译:《财富的革命》,中信出版社2006年版。

数据、形象和意象以及态度、价值标准和社会的其他符号化产物，而这些正是本书所关注的"非物质经济"的核心。

在第三次浪潮的大背景和影响下，非物质经济逐渐风生云起，成为经济发展的重要部分。我们都知道现代化进程在从农业与矿业到工业（第二产业）的劳动力迁移上显现出来，而如今现代化进程已经走向终结，后现代化或信息化的进程则已经通过从工业向服务工业（第三产业）的迁移表现出来，非物质经济成为世界主要的经济最发达国家率先追求的理想目标。

一、从物质经济到非物质经济

人类文明从原始社会一路走来，社会制度经历了一系列变迁，同样地，经济形式也经历了一系列变化。原始社会的渔猎经济，农业社会的农耕经济，以及后来逐渐出现的商品经济、资本经济，一直到如今的知识经济、信息经济、符号经济等。这一历程概括起来可以说是人类经历了从物质经济到非物质经济的历史变迁。

前文已经提到所谓物质经济是指以物质资源为主要劳动资源的经济。原始经济是最原始的物质经济，依赖一切可以获得的资源；农业经济是以动植物和土地资源为基础的经济；工业经济则是物质经济发展的高级阶段，各种资源都被开发和利用。

非物质经济则是相对于物质经济的一个概念，也许提及这个概念，很多人首先想到的都是"非物质文化遗产"，这也是我们提到的最多的关于非物质的事物，但"非物质"的概念并不仅仅是"非物质文化遗产"这样的措词之专利，它的出现跟文化遗产完全没有关系，是作为后现代的新术语。

众多不同领域的学者在很早就提出了非物质的概念："在社会主导精神变革方面，有利奥塔①指出的后现代的非物质观念的兴起；在消费社会

---

① 全名：让·弗朗索瓦·利奥塔（Jean-Francois Lyotard，1924—1998），当代法国著名哲学家，后现代思潮理论家，解构主义哲学的杰出代表。

非物质经济概论

席卷当今世界方面,有鲍德里亚[①]分析论述的非物质的符号经济的崛起;在资本形态的变化方面,则有布迪厄[②]所揭示的非物质形态的文化资本和社会资本的运作方式与转换的可能。这些来自不同领域和不同角度的观察,都不约而同地敏锐把握到新兴的'非物质经济'时代到来的脉搏。"[③]

但是目前关于"非物质"并没能形成一个统一明确的概念,"非物质"和"非物质经济"包含的意义很多,主要来源于符号经济和知识经济等一系列新经济理念,是社会、经济发展的一种必然趋势。非物质经济不生产人们生活所需的保障"衣食住行用"的物质资料,通俗地讲,如果说物质经济是保障人们"衣食住行"的基础经济,那么非物质经济是解决人们"望闻思乐美"和提高物质经济价值的高层次经济活动——即解决人们看什么、听什么、想什么、乐什么、美什么。

分析物质经济和非物质经济的特点,我们很容易发现:物质经济活动依赖生产资料而进行,劳动者只有与生产资料相结合,才能实现劳动的价值,具有资料性、稀缺性、独占性或排他性、消耗性,生产出人类生产、生活所需的物质资料;而非物质经济活动则与生产资料若即若离,既有相依性,又有独立性。非物质经济是物质经济的"魂",它可以使保障衣食住行的物质资料价值最大化、效率最大化、应用最大化、享受最大化。这正是为什么整个社会正在由物质经济向非物质经济转变,发达国家都在追求非物质经济发展的重要原因。

二、非物质经济在发达国家

前面已经提到,非物质经济已经成为世界主要发达国家率先追求的理想目标,纵观各个发达国家,非物质经济已经在它们的经济中占据非常重

[①] 让·鲍德里亚(Jean Baudrillard)作为法国思想界重要的标杆性人物之一。
[②] 布迪厄(Pierre Bourdieu,1930—2002,又译为布丢)是法国当代著名的社会学家。
[③] 叶舒宪:"符号经济与非物质文化遗产",《文化与符号经济》,广东人民出版社2012年版。

要的地位，对GDP的贡献也在不断上升。在今天的经济活动中，非物质经济的分量从人类最初的微不足道，到今天发展到几乎占到经济活动总量的80%。并且在这样大的比重下，还有一定的发展空间，有可能将占到人类经济活动总量的95%。下面笔者以美国、意大利、法国和日本为例，简要分析非物质经济在这几个国家的发展情况，以及非物质经济对这些国家经济以及世界经济带来的影响。

（一）美国

自从1894年成为世界第一经济强国之后，美国的经济一直保持着持续高速的发展，作为当今世界第一大经济体，在它的经济构成中，第三产业、高科技含量的产业、知识经济、品牌经济等不完全依赖物质的经济——也就是非物质经济所占的比重十分高。这些产业都是高附加值的产业，因而对GDP的提高，对经济的带动了有极大的提升作用。非物质经济的发展不但使得美国的资源消耗减少，污染降低，同时还促进和带动了物质经济产值的进一步提高，使得美国经济能够持续发展，以最小的资源消耗获得了最大的发展。

为什么美国能够成为世界第一经济体，并且一直保持到今天，可以说离不开国家对"知识"的重视。美国专利商标局公共事务办公室主任理查德·莫斯比曾说："知识产权，是大脑的产品，是一份无尽的资源。我们对这项资源的开发利用，与我们为那些伟大的发明家们所提供的知识产权保护是息息相关的。这也是美国能够在历史上，包括在21世纪的今天，取得世界经济强国地位的关键原因。"

美国特别重视科技和知识的发展，重视创新，在第二次工业革命中突飞猛进，从照搬欧洲技术发展到有自己的创造力。而这当中最著名的当属白炽灯的发明者爱迪生，他一生中共有一千多项发明，白炽灯只是其中之一。这些发明改变了人们的生活，并成为创造财富的源泉。"据1922年美国国会统计，爱迪生使美国政府在50年内的税收增加了15亿美元。而1928年的一项调查则显示，全世界的资本用在与爱迪生发明有关的事业上的数目达到157.25亿美元。"

除爱迪生以外,美国其他众多的发明家也成果斐然。19世纪后半叶,各种各样的发明如雨后春笋般出现在美国。"仅1865年至1900年,被正式批准登记的发明专利就达到了64万多种"。依靠强大的科技实力,美国很快在第二次工业革命中独占鳌头。

在取得一系列成绩之后,美国并没有止步于此。20世纪初期,仍然有各种引领世界潮流的创新在美国诞生:

1903年,莱特兄弟制造了4缸12马力的汽油发动机飞机,人类历史上第一架动力飞机诞生。

1913年,美国政府主导的巴拿马运河正式凿通,两大水域之间的最后屏障随着一声爆炸而土崩瓦解,大西洋和太平洋从此联为一体。

1927年,美国影片《爵士歌手》第一次成功使用了电影技术的新系统,电影产业开始进入有声时代。

这种重视科技、重视创新的风气一直在美国延续,在二战结束之际,和苏联从德国拖走大量的器械不同,美国将几乎所有的科学家都纳为己有,并且给予相当优厚的待遇。正是对科技的重视和支持给予了美国经济发展不竭的动力,对"知识"的重视也成为美国各重要产业和企业的文化,同时也是美国经济的核心竞争力,这也成为美国驰名世界的重要精神。

专栏 3-1   **波音飞机**

大家对波音飞机都不陌生,波音系列飞机是美国波音公司拥有的一个非常成功的民用运输机产品系列,至2012年3月该系列已拥有波音2707、波音247、波音307、波音377、波音707、波音717、波音727、波音737、波音747、波音757、波音767、波音777、波音787。也正是这一系列飞机使得波音公司成为全球航空航天业的领袖公司,世界上最大的民用和军用飞机制造商。

第3章 非物质经济发展的历程和成熟

图 3-1 美国波音公司的波音 787 飞机

波音公司成立于 1916 年,就在莱特兄弟制造汽油发动机飞机十几年之后。不得不说美国将"知识"转化为经济发展动力的速度很快,对新事物也极其重视。后来经过一系列的变迁成为如今的波音公司,于 20 世纪 30 年代开始研发波音系列飞机,之后一直不曾停止研发创新之路,波音系列飞机也随之不断增多,成为美国对外出口的重要商品。

那么波音飞机到底给美国创造了多少财富呢?我们经常说"8亿件衬衫才能换一架波音飞机",一架波音飞机至少卖 5000 万美元,"波音 747"甚至卖到了 1 亿多美元。

根据国家发改委大飞机项目协调小组负责人、国家发改委经济体制与管理研究所研究员高梁 2009 年在接受采访时所言:波音飞机的利润大概在 10% 左右,另外飞机的运行年限约为 10 年到 20 年,其间维修、养护、检测等售后服务的增加值是飞机售价的 2 倍,总计的附加值非常可观。在拉动下游产业方面,大飞机项目一旦形成产业,1

非物质经济概论

> 名飞机制造厂工人的背后，得有80名下游零部件领域的工人，还不包括空姐、驾驶员等间接带动的就业机会。①
>
> 　　当然在这个全球化的时代，波音飞机并不完全在美国生产完成，而是依靠世界各地的原料、加工、零件，但附加值最多的部分都集中在美国自己的企业，主要利润都是由美国企业获得。附加值不那么高且消耗资源较多的上游产业则在发展中国家，发展中国家消耗大量的资源和劳动力，却只能获得零星利润。而美国企业则依靠自身的技术和服务，通过从事波音飞机的下游产业获得高附加值。从中我们不难看出知识和科技在经济中占据的重要地位，重视非物质经济的意义可见一斑。

　　美国对科技和创新的重视并不仅仅局限在飞机这样的"硬领域"，波音飞机也不是美国销往世界各地最主要的产品。非物质经济的重要作用还体现在促进国家"软实力"的传播上。日常用品、消遣娱乐，于平常生活中潜移默化，让全世界接受它的文化、喜欢它的文化，引领世界文化的发展，美国在这一点上也做得非常成功。

专栏3-2　　　　　　　好莱坞

　　提到美国怎么都避不开好莱坞，好莱坞已经成为美国在电影、音乐、文化、艺术、时尚界的一个品牌，一部部好莱坞特色的电影作品影响着整个世界，同时也向世界传播美国文化，并且带来巨大的经济收益。据统计，好莱坞电影占目前世界电影市场份额的90%以上，电影产业年产值约在400亿美元以上②。

---

　　① 人民网，发改委专家称：国产大飞机有望在10年内研制成功，http://finance.people.com.cn/GB/8943752.html，2009-03-11/2012-9-22。
　　② 中国国家地理网，两座电影城。http://mobile.dili360.com/dlts/2010/08271293.shtml，2010-08-27/2012-09-26。

图 3-2 美国洛杉矶好莱坞环球影视公司

中投顾问发布的《2012—2016年中国文化产业投资分析及前景预测报告》指出,好莱坞是全球时尚的发源地,也是全球音乐电影产业的中心地带,拥有着世界顶级的娱乐产业和奢侈品牌,引领并代表全球时尚的最高水平。① 梦工厂、迪士尼、20世纪福克斯、哥伦比亚公司、索尼公司、环球公司、WB(华纳兄弟)等等这些电影巨头,还有像RCA、JIVE、Interscope Records这样的顶级唱片公司都汇集在好莱坞的范畴之内,时尚和科技在这里融汇,一直被全球各地争相模仿。

然而好莱坞的历史不过百年。20世纪初,好莱坞只是洛杉矶郊外的一个荒凉小村。仅仅百年的时间,好莱坞已经发展成为垄断全世界电影市场的重要生产基地(尽管在具体的市场中可能存在不同程度的分化)。它的范围之广,影响之大,持续时间之久,位居世界之首。好莱坞甚至还操纵着美国乃至全球观众的趣味和时尚,成为世界电影的策源地。

---

① 中国经济网,中投顾问:好莱坞影视代工基地中国之旅启程[OL]. http://finance.ce.cn/rolling/201209/18/t20120918_16951298.shtml,2012-09-18/2012-09-23。

非物质经济概论

> 而对于好莱坞的发展,起到决定性作用的便是那一部部质量优良的电影,从剧本到音乐乃至服装、道具,每一个环节都充满文化;从演员到导演乃至编剧和灯光,每一个参与者都贡献了自己的智慧,正是文化和艺术,缔造了好莱坞的辉煌。可以说好莱坞的兴起、发展和繁荣历程,反映了非物质经济的兴盛历程。

和好莱坞的电影一样传播到世界各地,被人追捧的还有苹果公司的产品。

专栏 3-3　　　　　　　　苹果

IMac、IPod、IPhone、IPad……我们的身边充斥着苹果的产品,它们已经成为了我们生活的一部分,同时也改变着我们的生活。苹果的产品,似乎都在有意无意地改变着一个产业的格局和商业模式,如 iMac 之于个人电脑,iPod 之于音乐,iPhone 之于手机。这些苹果产品在改变人类生活方式的同时,也给苹果带来大量的用户群和极大的人气,铸造了苹果的品牌。

图 3-3　苹果公司美国总部

这几年苹果发展极快,即使是在 2008 年金融危机之后,苹果公司仍然蓬勃发展:(1)不断推陈出新的产品和商业模式受到了市场热烈的欢迎,主要产品持续畅销不断刷新销量纪录,iPhone、iPad 更是出现抢购热潮。(2)苹果股价一路飙升,苹果每股股价目前(2012 年 3 月 22 日)已突破 600 美元关口,公司市值达到 5500 亿美元。现在苹果已经是全球市值最高的公司,并且其市值超过了竞争对手谷歌和微软之和;即便如此,苹果股价的涨速还是跟不上同期的利润增长速度,苹果股价还有一定的上涨空间。(3)苹果成为全球最具创新力的公司,苹果已经连续六年蝉联美国《商业周刊》每年评出的年度"全球最具创新力企业 50 强"的冠军。(4)不断发明带来革命性变化的产品。(5)苹果培养了数量庞大的忠实粉丝,苹果产品往往一经发布,立即像好莱坞明星一样被疯狂追逐。①

苹果的成功,正是美国创新文化、创新精神的成功,是"知识"和非物质经济的巨大成功。苹果前 CEO 乔布斯说,在这里,想象力被培育、应用和执行的方式极具创造力,这使苹果成为全球最有价值的公司。《乔布斯传》里面这样写到乔布斯的动机:"他既没有埃里森那种惹人注目的消费需求,也没有比尔·盖茨那种投身慈善事业的内在冲动,亦没有那种想看看自己在《福布斯》排行榜上能爬多高的竞争意识。在他那自负和个人动力的驱使下,他要通过创造足以令世人敬畏的传奇来获得满足。这实际上包括两个方面:制造不断革新不断变化的伟大产品,以及建立一家有持久生命力的公司。"②

仔细研究乔布斯的营销模式,我们会发现"他不是在营销产品,而是在营销一种精神,一种文化,他要使使用苹果产品成为人们的一

---

① 邱海燕,"苹果公司创新成功的因素及启示分析",《湖北经济学院学报(人文社会科学版)》,2012 年第 9 期。
② (美)沃尔特·艾萨克森(Walter Isaacson)著,管延圻等译:《史蒂夫·乔布斯传》,中信出版社 2011 年版。

种生活方式和身份象征"①。苹果也确实通过它的产品取得了这样的成果，据市场调研机构尼尔森在线（Nielsen Online）的跟踪调查发现苹果用户普遍存在着这样一种心态——他们大部分都有些精英思想，认为自己的电脑更快，更强调功能，并专注于设计和工作流程。

手机、电脑如今已经是现代生活的必需品，生产这类产品属于解决人们衣食住行问题的物质经济。但苹果早已超脱产品本身，更像是一个符号、品牌，代表了一种态度，甚至是时尚，和时尚业的很多产品一样，早就超脱了本身的物质材料和生产工艺的价值。理念已然成为一种商品，这彰显了非物质经济对物质经济的促进。

另外提到美国，还不得不提华尔街——闻名世界的金融中心——充满是非争议却又一直备受关注的地方。

专栏 3-4　　　　　华尔街

华尔街（Wall Street），这个名词早已超越了地理概念，它是世界金融中心，是金钱和财富的象征，但不生产人们生活必须的物质产品。历经300多年风雨，曼哈顿从一片荒芜变成了现在的金融森林，华尔街随之发展为证券市场发展的重要标本，日交易量高达13万亿美元。

无疑华尔街是整个世界金融发展的浓缩，了解华尔街，才能真正明白金融；华尔街甚至是"金融"的代名词。这也是为什么中央电视台会选择"华尔街"为题来制作中国第一部金融类纪录片的原因。《华尔街》是中央电视台继《大国崛起》之后推出的又一重量级纪录片作品。这样的纪录片，这样的命名，我们不难看出华尔街在金融业

---

① 邱海燕："苹果公司创新成功的因素及启示分析"，《湖北经济学院学报（人文社会科学版）》，2012年第9期。

图 3-4 美国金融中心华尔街

的地位。

华尔街和美国的发展休戚相关,"从华尔街建立的那天开始,在美国变革的每一个关键点,它都参与其中:从汉密尔顿的金融计划,到 19 世纪伊利运河和铁路建设的融资,在美国内战中资助联邦政府,形成 19 世纪末的金融垄断(托拉斯),并在 20 世纪美国科技的腾飞中发挥巨大作用。今天华尔街主导建立了全球 14 万亿的资本市场,帮助数以万计的企业进行了成功兼并,创立了为数众多的创业风险基金,建立了顺畅的金融交易环境,帮助成千上万的投资者管理他们的财富和资产",可以说"华尔街成就了美国的崛起,从传统农业到传统工业,从现代科技到网络信息,华尔街一直在为美国的强盛铺平道路"。

很显然,作为非物质经济重要组成部分的金融业,在美国的发展历程中,华尔街的兴盛,给美国带来了巨大的财富。而在当今世界,金融证券发挥的作用也十分显著。证券交易市场,尤其是像纽约证券交易所这种大规模的交易所,不仅对美国,对世界经济都有着重大影

> 响。"在纽约证券交易所上市的公司有2800多家，其中全世界500强企业有490多个在这里挂牌交易，而且涵盖了各个领域"，它们影响着从事物质经济生产的企业，从而影响物质经济，影响整个世界的经济。
>
> 另外我们还注意到：华尔街向来都是最新科学技术的使用者，1837年莫尔斯发明电报后，华尔街成为最先的收益者，股价信息在嘀嗒声中迅速传送到美国各地。由此可见，非物质经济不仅仅促进物质经济的发展和增值，不同形式的非物质经济之间也存在着良性的影响和促进关系，譬如科技和金融，又如艺术和科技。

（二）法国

提及法国，大家都会觉得那是一个很浪漫的国度，充满文化和艺术的气息，丝毫不见工业发展的经济气息，建筑是文艺的，纺织也富有情调，就连农田也是一片片的花海，充满浪漫主义气息。正是这种文化和精神，为法国吸引了大量的游客。法国，这个人口6500多万的国家，每年要接待超过8000万外国人，收入超过350亿欧元，占GDP比重超过6%，旅游者人数超过本国人口总数。①

另外在法国还有"时尚王国"之称，法国的时尚产业受到全世界的关注，在时尚界占据领头军的位置。

> **专栏 3-5　　　　　法国时尚业**
>
> 如果说美国的时尚业会被人批评为快餐文化，缺乏文化根基和底蕴，那么法国的时尚则和法国大餐一样，需要经过复杂的程序才会最终将其呈现在顾客面前。法国时尚带着自中世纪以来的人文精神和王

---

① 江珍妮："法国把发展文化作为基本国策"，《决策与信息》，2011年第11期。

室贵族情怀，经历了时光的淬炼和沉淀。法国的时尚似乎比美国显得更加贵气和具有底蕴，因而受到更多的追捧。当然可能由于法国的其他产业并不如美国发达，因而时尚业更加受到瞩目。

图 3-5 时尚浪漫之都巴黎

根据2011年财经网的报道：法国的时尚产业涉及服装、皮具、香水、化妆品、珠宝等方方面面，基本涵盖了人们穿衣打扮和身体护理的所有相关产业。据统计，法国时尚产业的就业人口为16万多，创造的价值占法国制造业的5%。

在法国，有近8%的公司涉及时尚与奢侈品领域，整个产业包括1500多家公司。法国每年有近四成的时尚产品被出口到国外。就营业额比例而言，服装、香水与化妆护肤用品是法国时尚产业中表现最好的行业。法国时尚产品拥有良好的销售渠道，包括专卖店、连锁店、百货公司、多品牌销售店、电子商务等。

法国时尚产业主要集中在巴黎地区。巴黎的时尚产业集群已发展成为一个相当密集、有着细致专业分工的产业网络，主要有服装、家具、皮革制品、香水、化妆品等。①

---

① 江珍妮："法国的时尚经"，《经济参考报》，2011年11月11日。

> 时尚作为一种产业，仅出现在工业社会时期，随着社会的工业化进程的加快，社会物质生活的不断丰富，人们不仅仅满足于基本的生活需求，而开始追求生活的品质，希望将自己的审美情趣、个人风格也融入消费过程中，这种时尚获得了越来越重要的地位，融入社会生活的"衣食住行用"各个要素，并逐步发展为社会的一种支配力量。①
>
> 法国的时尚业正是如此，它渗透到生活的方方面面，甚至成为国家的核心竞争力，为法国赢来全世界的关注和尊重。文化、艺术、符号、理念等等非物质的东西在时尚业、在法国得到最大限度的发挥，在这里我们看到的是非物质经济的另一种表现形态。

（三）意大利

意大利并不是一个大国，但在世界发展史上占据了重要位置，是西方文明的发源地之一。很多新鲜事物都在这里萌芽、发展，如资本主义经济，如文艺复兴，如现代大学；在20世纪的两次世界大战中，意大利也是重要参战国，并且扮演了十分微妙的角色。然而如今意大利能被人提及的东西已然所剩无几，但"时尚"仍然屹立不倒，并成为这个国家的标识。"意大利制造"几乎成为世界上最高质量、最佳设计、最优材质时装配饰的代名词。

专栏 3-6　　　　　　　意大利时尚业

> 与法国的时尚业不同，意大利的时尚主要集中在服装领域。服装工业是意大利的经济支柱之一，全行业的从业人员达到70万人，占就业总人数的约4%。其中50%集中在毛纺行业，20%集中在高级成衣制作，10%集中在领带制作。意大利的纺织服装，特别是精粗毛纺

---

① 陈希著：《意大利时尚产业文化》，对外经济贸易大学出版社2007年版。

服装及皮制品因完美的设计、精巧的做工和高技术的后处理而誉满全球。除此之外，意大利的丝绸织造和印染加工技术也十分先进，是世界上最大的印染丝绸和色织丝绸的生产国和出口国①。

图 3-6 时尚之都米兰中心商业区

过去，由于意大利本国生产的毛织品和高档西服料质量上乘，所以服装生产所需的原材料大部分由国内制造商提供，基本保持自给自足的状态②。但随着国际贸易的发展，意大利成衣销往世界各地，销量不断提高，对原材料的需求量也随之不断增加，而且在亚洲和东欧市场上的服装原料质量也达到了其高档服装生产加工的要求，于是近些年来，意大利开始从亚洲、土耳其和欧盟特别是东欧各国进口各种纺织品，并且进口量越来越大。后来又逐渐开始在国外寻找代工，在纺织品的原产地，利用便宜的劳动力直接进行加工，之后再将成衣运回国内，贴上意大利的品牌标签，再进行销售和出口。

我们可以看到意大利的服装时尚业经历了一个从自己消耗原料、

---

① 陈希著：《意大利时尚产业文化》，对外经济贸易大学出版社 2007 年版。
② 同注释①。

> 自己加工，再到他人提供原料、他人加工、但仍由意大利提供品牌、理念和设计的过程。在这一过程中，依靠原料、劳动力这些物质资料的消耗获得的利润越来越少，而非物质的理念、思想、设计等获得的利润越来越高。很明显这是一个物质经济向非物质经济转变的过程，而且充分体现出非物质经济对物质经济的促进和带动作用：非物质经济使得物质经济的效率得到进一步提高，利润得到进一步提升。

（四）日本

日本，东亚的岛国，国土面积小，自然资源非常匮乏。但正是这样一个国家曾经发展成为世界第二大经济体，如今也仍然是世界第三大经济体，它的电子产品、汽车、动漫等销往世界各地，得到全世界的关注。尤其是日本的动漫，带着浓厚的日本文化和日本特色闯进了所有人的视野，并得到认可。日本是一个善于学习的民族，可能有人会说它的汽车或者是电子产品是向先进国家学习，进而化为己用的结果，但动漫无疑是日本文化的独创，虽说在故事等环节仍然大量借鉴其他国家的文化，但是整个产业的发展与美国以及欧洲国家截然不同，已经孕育出了自己的特色，并且引领着全世界的动漫发展，成为世界的榜样。

> **专栏 3-7　　　　　　　日本动漫业**
>
> 常常有人说看动漫的人有自己的另一个世界，二次元的世界——一个充满了奇思异想、令人惊奇的世界。也许现实中的日本地域狭小、风光有限，但在这动漫的世界里，日本人完全摆脱了现实的拘束，挥洒着自己丰富而神奇的想象，创造出一个令世人耳晕目眩的奇幻世界。

图 3-7 动画片《机动战士高达》的主人公高达现身东京

日本是世界上最大的动漫制作和输出国,日本享有"世界动漫王国"的美誉。有统计显示,全球播放的动画节目有 60% 是日本制作的。近十年来,日本动漫产业平均每年的销售收入达到 2000 亿日元,已经成为日本经济的三大支柱产业之一。实际上,加上动漫衍生品的销售收入,广义的动漫产业在日本 GDP 中的比例平均在 6% 以上。[①]

日本动漫产业模式十分完整,"漫画出版——动画制作播出——版权授权——衍生品生产及销售——部分动漫作品外销授权——成功动漫产品的深度开发及新动漫产品开发——良性再循环,极具品牌价值的可以开发成具备混合消费模式的主题园区或主题店。"[②]这个在日本形成的产业模式,已成为全世界最典型的以漫画为基础发展产业的模式。

另外,日本动漫发展的模式具有鲜明的民族特色,服装、建筑、文化等充满日本特色,人物造型虽融合西方审美和特点,但仍可见鲜明的亚洲文化元素。当然日本动漫对其他国家和地区文化的充分利

---

① 吕云:"世界动漫王国"打造日本文化影响力,《广州日报》,2010 年 7 月 14 日。
② 胡月明:"日本动漫产业模式缘何完整",《中国文化报》,2009 年 5 月 25 日。

用，以及做工之精细，都是其他国家的动漫产业望尘莫及的。看日本的动画片，让人不能不惊叹它的"动画之精致，创意之高明，情节之曲折，作品之丰富"①，这些都使得日本的动漫赢得了全世界的掌声，也成为现代日本文化和产业中浓墨重彩的一笔。

据日本贸易振兴机构的一项统计显示，2000年以后，每年在美国播放的日本动画片在40部以上，收入达530.4亿日元，销售与动画片相关的商品收入达4920亿日元。日本动画大师宫崎骏的动画巨片《千与千寻》可谓是商业艺术双丰收，不仅在2002年成为有史以来最卖座的影片，更让动漫整体的艺术高度达到一个新的层次。也正是这种内在的文化、精神和艺术，使得日本动漫的受众不再局限于少年儿童，而成为各个年龄层、各个社会阶层的消费品。

日本动漫取得如此成就，大约经历了将近百年的时间，"日本动画的发展过程大致可分为4个阶段：1917—1945年——萌芽期、1946—1973年——探索期、1974—1989年——成熟期、1990年至今——细化期。"②而在这近百年的时间里，日本动漫直到了上个世纪70年代才算找到了自己的路，真正的发展不过是近40年。

从日本动漫的发展来看，其成功在于它恰到好处地发挥了动漫的长处；另外日式动漫注重精神层面的特点也是其大受欢迎的一个重要原因，而且日本拥有非常高水平的动漫创作和制作队伍；此外，动漫主题曲也功不可没……当然关于日本动漫成功的具体原因并不是本书要分析的，但从日本动漫产业的发展我们可以看到，"在日本，不论政府抑或商家，都没有仅仅将'动漫'当作简单的休闲文化，而是扎扎实实将其当作一个产业来加以扶持和发展"③。在整个动漫产业链

---

① 王永娟、王培培："青春的童话：日本动漫产业成功的文化秘密"，《政工研究动态》，2008年第5期。
② 祝普文著：《世界动画史》，中国摄影出版社2003年版。
③ 张慧中："日本动漫产业的启示（大千絮语）"，《人民日报》，2007年11月12日（07）。

中，文化、艺术、精神、民族特色，这些非物质的内涵得到了最充分地利用和发挥，这对发展其他的文化产业也具有一定的借鉴意义和启示。

毋庸置疑，动漫是一个完全的非物质经济，日本动漫产业的发展与兴盛是非物质经济繁荣昌盛的一个典型代表。其将民族文化溶于艺术作品，充分发挥民族文化的价值，并且将其作为重要产业来发展，纳入重点支持领域，发展完整的产业链，日本已经给我们演示了一条极佳的传播民族文化、利用民族文化和艺术发展非物质经济的道路。它不仅取得了良好的经济成果，还同时传播了自己的文化，让世界接纳自己的民族精神。这样的非物质经济不仅是能源消耗小的，污染小的、可持续的，更是让一个国家走向世界，让世界了解自己的有效途径。

（五）英国

英国曾经是世界第一强国，却在第二次工业革命中丧失了自己的优势地位，逐渐落后。英国的衰落在某种程度上可以归咎于对"知识"的漠视，没能及时发展科技，使整个国家逐渐失去了创造力，因而被更重视科技和创新的国家迎头赶上。在经过这么多年的发展之后，英国也开始正视这一问题，正视非物质经济的价值，企图从 Great Britain 向 Creative Britain 转变。

专栏 3-8　从 Great Britain 到 Creative Britain

英国政府从20世纪90年代中期开始意识到文化创意产业应当成为英国经济新的增长点。英国政府以就业人数、成长潜力、原创性为标准，选定了出版、电视广播、电影录像、互动休闲软件、时尚设计、软件和计算机服务、设计、音乐等13个领域作为创意行业，在政策方面给予很大支持。①

英国政府对文化创意产业的支持主要在3个方面：最初是为一些企业提供资金援助，后来又在这些企业中引入市场竞争，同时在财政税收方面给予大力扶植，三管齐下以保证整个产业的健康发展。

经过10多年的发展，"创意产业已成长为英国仅次于金融服务的第二大产业，不但创造出超过7%的国内生产总值，且增速快于其他产业。目前创意产业有130万从业人员，并间接创造了100万个就业岗位。"②

图3-8 英国文化创意产业之父约翰·霍金斯

被誉为"英国文化创意产业之父"的国际知名学者约翰·霍金斯认为，创意产业之所以在英国大获成功，除了从莎士比亚时期就开始积累的原创精神外，还有很多现实因素。如近30年制造业等英国传统产业开始下滑，社会需要创造新的就业机会。而创意产业因投资少、见效快、利润高，正好符合这一需求。互联网也为创意产业的发展提供了前所未有的契机。③

---

① 刘海燕等：各国文化产业化探析——推动经济增长的"新思维" ［OL］，http：//news.xinhuanet.com/fortune/2011-11/07/c_111151184.htm，2011-11-07/2012年09月23日。

② 同上。

③ 同上。

> 英国在第二次工业革命之后的没落以及英国如今的转变,充分体现了创意、创新、创造力、科技等非物质因素对经济发展的重要作用,非物质经济无疑是推动国家经济发展,带动就业,促进产业结构的改变,使得经济发展更加合理的推动力。

(六) 韩国

提到韩国,可能大多数人会想到泡菜、韩剧,或者是三星、LG,当然还有它发达的整容业。如果说时尚、电影都只是影响人们的审美,销售一些附加产品,那么整容则是完全地"利用"人的审美,销售的就是"美"本身。没有人能否认在整容界韩国的地位,如今很多其他国家的人,尤其是亚洲人,都会到韩国对自己的容貌进行一些"修整","赴韩整容游"已经成为一种潮流和一个产业。

专栏 3-9　　　　　　　整容业

在韩国,整容早就已经不是什么稀奇的事情,整容业大约兴起于1988年汉城奥运会,其后便如火如荼地开展起来。"在1990年,韩国全国整形外科专业医生人数还只有276人,但到2004年已经超过1550人"[1]。这与韩国人的人生态度以及美容意识不无关系:"韩国社会普遍注重外表及门面,女人,甚至男人,只要出门必定化妆打扮……韩国人追求自己在各方面达到完美,尤其是女性。如果一个女性在公开场合不化妆是很不礼貌的表现,也是素质低的表现。其次,韩国人就业竞争非常激烈,他们认为个人的容貌在一定程度上反映了个人能力。漂亮的外表是给人的第一印象,也是就业竞争的一种资本"[2]。

---

[1] 舟野:"赢得'整容大国'之名,整容风吹向国外:韩国'美丽产业'产值高达120亿美元",《市场报》,2006年2月15日。

[2] 李丽:"揭秘:韩国发达的整容业的原因",http://www.chinese-luxury.com/beauty/20111229/15935.html。

随着影视作品的"韩流"在亚洲地区乃至世界的风靡,韩国明星的"完美"容貌也备受推崇,而他们大多接受过整形手术也作为新闻不胫而走。明星并不是天生的光鲜亮丽,而是通过整容而变得那样完美,这让很多人动心,为韩国的整容业做了最好的宣传。

图3-9　韩国整容一条街狎鸥亭洞

整容业随着韩剧、韩星一起走出了国门,吸引大量的外国人前去整容,韩国还专门发展了"整容旅游"项目。"一家韩国旅行社在现场为许多美女提供化妆、设计整容方案,并提供整容后的3D图片"[1],这是发生在2012年中国(北京)国际服务贸易交易会上的一幕。该旅行社社长金瑞表示"他很看好中国整容市场,这次是专程到北京参加交易会,希望扩大宣传力度,吸引中国人去韩国进行医疗观光旅游"[2]。

和其他国家的整容医院相比,韩国整容手术不仅收费低,而且整

---

[1]　毕志强:"公众需要深入了解赴韩整容游",《中国旅游报》,2012年6月22日。
[2]　同注释[1]。

容医师技术高超，十分专业，成功率尚。其诊所设施豪华，服务精细，因而吸引了大量爱美人士前往，每年都会有数万人前去整容。据《中国旅游报》的调查①，"目前韩国整容业快速发展，2011 年，赴韩的海外医疗游客总计 18 万人，中国医疗游客为 6 万人"，以年轻女性为主。

毋庸置疑，韩国的整容业属于非物质经济，销售的是美，利用的是技术，在韩国，它无疑已经成为一个重要的产业。看整容业在韩国的发展历程，不得不提的是从一开始这个行业在韩国就非常规范。在 20 世纪 60 年代韩国就成立了"整容外科学会"，引进美国整容业的管理模式，设立了"专门医"制度，有专门的整形医生执照。90 年代，韩国又从美国、欧洲和日本引进先进的整容技术、设备和理念，并且和韩国的审美相结合，和整个时代审美的变化相匹配，并且大量的专业实践，使得韩国的整容业突飞猛进。另外韩国整容业也和众多的韩国文化一样，是随着韩剧、韩流、韩星一起走向世界，作为一个产业真正的发展不过 20 多年的时间；韩国人对待"美"，对待整容的态度随着韩国的文化一起走向世界，改变了世界，让一些原本不能接受"整容"的国家和地区理念也发生了变化。

三、非物质经济在发展中国家

目前发展中国家多处于产业链的中游，"微笑曲线"的中间部分，是依靠自己的资源和廉价的劳动力从事代工，很少能有自己的品牌和创意，缺乏核心竞争力，难以在市场取得优势，更难以占据高端市场。但不少国家已经认识到问题之所在，都致力于发展属于自己的产业和经济，十分注重发展非物质经济，尤其是在文化领域。

---

① 毕志强："公众需要深入了解赴韩整容游"，《中国旅游报》，2012 年 6 月 22 日。

非物质经济概论

（一）印度

印度是亚洲的一个大国，国土面积很大，而且拥有非常丰富的自然资源，人口庞大，拥有很大的劳动力成本优势。印度也是一个农业大国，有报告称2005年印度有可耕地1.7亿公顷，居世界第二，仅次于美国。印度牛奶和香料产量居世界之首，稻米、蔗糖、小麦和牛奶产量居世界第二。[①] 但根据美国中央情报局网站数据，印度近年来主要的经济增长却来自服务业。2011年其农业、工业、服务业占GDP的比例分别为17.2%、26.4%、56.4%。印度充分利用其庞大的受过良好教育且以英语为母语的人口，成为信息技术服务和软件业工人的出口大国。[②] 目前印度仍然比较贫穷，根据美国中央情报局网站数据，2010年印度处在贫困线以下的人口依然占到29.8%。2011年时人均GDP排名世界第164位。人口出生率20.6‰，死亡率7.43‰（2012年）。新生婴儿死亡率46.07‰，人均寿命为67.14岁。卫生方面，2009年印度的医疗开支占GDP的2.4%，2011年，其医师密度为0.599‰，医院床位密度为0.9‰。截至2011年，拥有移动电话8.93862亿部，普及率达到了75%，城市的电话普及率基本达到了100%，农村的电话普及率也在稳步增长。[③]

近年来印度十分重视新兴产业和经济，印度信息技术领域的成功已经为人们所熟知。印度凭借人才优势，通过为发达国家提供服务取得了令人瞩目的成就。信息技术产业对印度GDP的贡献已从1999/2000年度的1.2%增长到2005/2006年度的4.8%左右。印度的软件和信息技术带动的服务在过去五年间年均增长率超过了28%。信息技术产业的成功彻底改变了欧洲和美国对印度的评价和印象。更重要的是，它改变了印度对自身潜力的看法，提高了印度在科技领域的自信心。印度在信息技术领域的成功

[①] 新华网："欧盟报告：印度已成为农产品净出口国"，http：//news.xinhuanet.com/news-center/2008－01/14/content_7418791.htm，2008－10－14/2012－09－23。

[②] CIA网站：https：//www.cia.gov/library/publications/the－world－factbook/geos/in.html。

[③] 同注释②。

对于吸引跨国研发中心和外籍印度人在印度投资也发挥了重要作用。① 另外印度还十分注重生物技术、太空技术的研发。除此之外，在文化艺术产业上，宝莱坞电影也开始在世界电影市场中日益受到关注。

专栏 3–10　　　　　　　　　**宝莱坞**

《阿育王》、《我的名字叫可汗》、《贫民窟的百万富翁》、《三傻大闹宝莱坞》将印度宝莱坞电影带入了广大中国观众的视野，赢得了中国观众和市场，更是让我们看到宝莱坞电影这么多年取得的成绩。

图 3–10　宝莱坞的光影魅力

印度"宝莱坞"，指的是位于孟买的印度最大的电影生产中心。孟买（Bombay）的开头字母是"B"，把美国电影生产基地"好莱

---

① 黄军英："印度科技崛起的原因探析"，《海峡科技与产业》，2007 年第 4 期。

坞"（Hollywood）的"H"换成"B"，就成了宝莱坞（Bollywood）①。宝莱坞这个名字似乎颇具"山寨气质"，但从中可以看出印度对宝莱坞的期望，希望宝莱坞能够像好莱坞那样成为本国重要的产业基地，并且能够向全世界输出印度文化。

无疑，宝莱坞目前正在朝此方向不断前进。电影业现在已经是印度的支柱产业，近几年，印度宝莱坞的年产量超过1000部，位居世界第一，已经成为印度的一张名片。宝莱坞电影不仅满足了印度国内广大观众的需求，而且越来越多地出口南亚、非洲、中东和欧美地区。宝莱坞电影成功地扮演了输出印度文化的角色。

虽然"宝莱坞"这个名字山寨了"好莱坞"，但是电影却并不是按照好莱坞的套路和文化来走，"极具印度本土特色。电影中美轮美奂的歌舞，风光旖旎的自然景色，顾盼生辉的大眼美女，极具印度风情的高清画面一览无余地展现在观众眼前"②。宝莱坞电影成为展示印度的一个窗口，让世界观众了解印度以及印度的文化。

从宝莱坞电影的风靡世界，我们可以看到文化、创意、艺术的力量和经济价值。宝莱坞对印度文化的把握，艺术创作的民族特色都让人惊叹，但我们也不能忽视宝莱坞发展中的问题。

固然宝莱坞有巨大的发展潜力，2002年以来，其年增长率达到15%，是印度国内生产总值（GDP）年增长率的3倍，但和好莱坞相比仍然只是零星一角。而且在很长的一段时间内，印度政府把宝莱坞归于二等产业。直到2004年，经过电影行业几十年的游说和争取，印度政府才把电影业列为正式的产业。电影业在印度特有的控制型经济体系中才有了正式的名分，并首次能合法地得到银行贷款，能发行债券和得到安全保障。

---

① 白阁："透过宝莱坞电影解析印度历史文化"，《洛阳师范学院学报》，2012年第31期。
② 同注释①。

> 由于国家对专利和版权管理不严格,宝莱坞电影面临盗版的考验,"很多盗版 DVD 在影片还未正式发行时就率先出现在市场上,它们不仅在国内深受欢迎,在国外同样遭遇追捧。比如巴基斯坦政府禁止发行放映宝莱坞电影,盗版碟成了巴基斯坦人观看宝莱坞电影的唯一方式"①。这种侵害使得印度电影业蒙受重大损失。面对这一难题,2010 年,美国好莱坞和印度宝莱坞宣布联手打击盗版,美国电影协会和七家印度公司要在全球最大的电影市场之一的印度市场解决盗版问题。
>
> 其实这些问题某种程度上,是很多发展中国家都存在的问题。虽然宝莱坞目前仍存在着这样或那样的问题,但也不难看出印度政府以及宝莱坞自身都在竭力解决,宝莱坞目前正呈现上升趋势,其对文化的运用,对民族特色的把握,并且根据自身的文化特点创作电影、音乐,这些和日本动漫有异曲同工之处,都是非物质经济发展的重要成果,给包括中国在内的其他发展中国家的文化产业尤其是影视、动漫产业做出了良好的示范。

(二) 卡塔尔

卡塔尔,位于亚洲的西南部,国土面积并不大,拥有相当丰富的石油和天然气资源。根据美国中央情报局官网给出的数据,2011 年,卡塔尔探明的天然气总储量为全世界第三名②,国内生产总值的人均排名为世界第二名。③ 石油、天然气是卡塔尔的经济支柱,其他工业也是与石油和天然气相关的能源密集型工业,可以说这个国家主要依赖自然资源生存。但是,充满危机感的卡塔尔并没有满足于此,它大力发展的旅游业和教育文化产业都逐渐呈现出良好的成果。其首都多哈已成为享誉盛名的旅游胜

---

① 搜狐娱乐:"亚洲电影新势力之印度篇:批量复制的大尴尬",http://yule.sohu.com/20070328/n249013033.shtml。

② https://www.cia.gov/library/publications/the-world-factbook/rankorder/2179rank.html。

③ https://www.cia.gov/library/publications/the-world-factbook/geos/qa.html。

地，而半岛电视台也在阿拉伯国家乃至整个世界都具有一定的影响力。

专栏 3-11　　　　　半岛电视台

在中东地区，随便问一个路人最爱看哪个电视台，他通常会平静而肯定地告诉你："半岛电视台"。① 半岛电视台毫无疑问是阿拉伯世界最流行的卫星电视媒体。根据美国 Allied Media Corporation 在 2010 年的统计数据，半岛电视台在阿拉伯世界拥有超过 4000 万的潜在收视群体；在约旦、利比亚和科威特等国家约有 30% 以上的人口收看半岛的节目，在约旦河西岸和加沙地带，半岛台的收视群体占该地区总人口的比例更是达到了 47.4%。

图 3-11　卡塔尔半岛电视台

半岛电视台（阿拉伯语：الجزيرة，意为"岛"或"半岛"；是一家位于卡塔尔首都多哈的阿拉伯语电视媒体。成立于 1996 年，是阿拉伯世界和中东地区最早的卫星电视传媒之一。"其成立固然得益

---

① 陈璟贝："半岛电视台：掀起阿拉伯世界的面纱"，http://news.xinhuanet.com/world/2009-04/14/content_ 11183680.htm，2009-04-14/2012-09-23。

于新兴的民用卫星传播技术，但更重要的是，它填补了阿拉伯各国的传统国家及地方电视台因无法满足本国民众的收视诉求而形成的传媒空白。"①

不过，半岛电视台能够在阿拉伯世界如此受欢迎绝不仅仅因为它填补了空白这么简单，更重要的是半岛电视台一直坚持向世界发出"阿拉伯世界的声音"。半岛电视台北京分社社长伊扎特在接受采访时说，"半岛在世界上有70多个驻外记者站，保证了大事发生时我们能获得第一手资料。半岛要坚持发出自己的声音，和西方争夺话语权。"② 以"我们制定自己的新闻议程"为口号，实现阿拉伯国家与世界的"零距离"。

另外半岛电视台的记者们都是非常熟悉西方报道模式的阿拉伯人或直接从西方大牌新闻机构高薪聘请过来的资深记者，他们以西方观众习惯的新闻报道模式，向世界展示阿拉伯世界，发出阿拉伯世界的声音。而且记者们勇于冲往第一线，北京第二外国语学院法政学院副教授郭依峰称"半岛记者是'敢死队'，在许多战争中他们敢于冲在最前线，获得第一手资料。"③

如果说日本动漫和印度宝莱坞电影都是充分利用民族文化和特色，那么半岛电视台则是利用了西方的新闻报道模式和新闻精神，追求发出自己的声音，做真实的报道。但不难看出三者的共同点都在于利用非物质经济发出自己的声音，并且将这一非物质经济形态作为国家经济乃至社会发展的重要内容，为其发展选择了最合适的路径，从而在非物质经济的发展上取得了巨大的成功。

---

① 廉超群："半岛电视台的困境：民意观与客性"，http://time-weekly.com/story/2011-03-10/112246.html，2012-3-10/2012-09-23。

② 陈璟贝："半岛电视台：掀起阿拉伯世界的面纱"，http://news.xinhuanet.com/world/2009-04/14/content_11183680.htm，2009-04-14/2012-09-23。

③ 陈璟贝："半岛电视台：掀起阿拉伯世界的面纱"，http://news.xinhuanet.com/world/2009-04/14/content_11183680.htm，2009-04-14/2012-09-23。

(三) 哥伦比亚

很多人对《Ugly Betty》都不陌生，尤其是在中国湖南卫视翻拍《丑女无敌》之后，这部美剧更是借着山寨之风闯入了国人的视野。但是知道这部剧最早出自哥伦比亚的观众恐怕不是那么多，虽然哥伦比亚版的《Ugly Betty》跟美国翻拍版相比在国际知名度上不可同日而语，但都取得了巨大的成功。

专栏 3–12　　　　　　　丑女贝蒂

《丑女贝蒂》，最早是哥伦比亚 RCN 电视台拍摄的都市情景喜剧。影片讲述了满口牙箍的丑女贝蒂的职场奋斗故事。时装公司美女云集，贝蒂这样的丑女居然进入其中，当然不断遭到嘲弄甚至陷害。但最终凭借自己的才华、自信和善良，麻雀变凤凰。电视剧播出后，取得了巨大的成功，收视率从播放初期的30%一路攀升至60%。该剧还掀起了一股"贝蒂热"，带动了该国"贝蒂系列"产品的销售热潮。

图 3–12　情景喜剧《丑女贝蒂》

> 在本国取得成功后,《丑女贝蒂》开始遍销世界,在美国、墨西哥、委内瑞拉、秘鲁、阿根廷和巴西等 35 个美洲国家热播期间,该剧曾以超过 50% 的高收视率独占鳌头。在中国,央视电视剧频道在 2002 年播出此剧时。播出的前 4 周,收视率以平均每周 30% 的速度攀升。①
>
> 在全球获得收视佳绩之后,《丑女贝蒂》还在全球掀起了"翻拍"热潮。亚欧美各大洲多达 35 个国家的电视台争相模仿《丑女贝蒂》,纷纷拍摄了本土"丑女"。2006 年,南美最有实力的墨西哥电视台翻拍的《丑女丽提》,一跃成为南美收视冠军。而经过美国 ABC 电视台改编的《丑女贝蒂》一经播出就风靡全球,创造了傲人的收视率。该剧获得了美国第八届家庭电视剧奖最佳新剧奖,2007 年 11 项艾美奖提名,并囊括金球奖的最佳喜剧女主角以及最佳喜剧连续剧两大奖项。②

从以上的案例我们可以看到,发展中国家发展非物质经济的决心、行动以及已经取得的成就。虽然他们面对现有的文化格局和形式存在很多的困难,走过一些弯路,和发达国家相比仍然处于弱势,但在许多领域也在异军突起,创造了上述可供借鉴和学习的成功案例。

四、本章小结

从人类历史发展的历程来看,从物质经济到非物质经济的转变是一种必然。非物质经济在经济整体中所占的比重越来越大,尤其在发达国家,它们几乎都有具有代表性的非物质经济产业部门,这些非物质经济甚至成

---

① 新浪娱乐:"'丑女贝蒂'征服中国观众",http://ent.sina.com.cn/v/2002-09-19/1347101658.html 2002-09-19/2012-09-23。

② 刘玮波,于杰:"从《丑女贝蒂》看跨文化影视传播的全球化融合",《声屏世界》,2010 年第 2 期。

为国家的名片。发展中国家虽然面临的阻碍和困难较多，如今也在积极发展自己的非物质经济，并且取得了一定的成就。

考察当今世界的经济分布格局，可以说物质经济的生产绝大部分都集中在发展中国家，而为物质经济创造了大量附加值的非物质部分却几乎都掌握在发达国家手中。中国作为一个发展中国家，要实现从"中国制造"到"中国创造"，就不能单纯依靠资源和廉价劳动力，而是要改善中国的经济结构，提高中国的综合国力，选择一个正确的经济发展模式，走一条可持续发展道路；大力发展非物质经济是我们的唯一正确的发展方向。

在发展非物质经济的过程中，中国会遇到各种困难和险阻，这是不容忽视和不可避免的。但始终要坚持自我，尤其要坚持中华民族的文化和精神，探索出一条属于自己的经济发展道路。在发展非物质经济的过程中，尤其要注意方向，不能走上弯路。经济发展需要非物质经济理论的指导，而一个理论体系的建立更不能离开哲学基础的导向。

第4章 非物质经济理论的哲学基础

  魏王欲攻邯郸，季梁谏曰："今者臣来，见人于大行，方北面而持其驾，告臣曰：'我欲之楚。'臣曰：'君之楚，将奚为北面？'曰：'吾马良。'臣曰：'马虽良，此非楚之路也。'曰：'吾用多。'臣曰：'用虽多，此非楚之路也。'曰：'吾御者善。'此数者愈善，而离楚愈远耳。今王动欲成霸王，举欲信于天下。恃王国之大，兵之精锐，而攻邯郸，以广地尊名。王之动愈数，而离王愈远耳，犹至楚而北行也。"

——《战国策》

  这个故事便是"北辙适楚"，也就是如今我们非常熟悉的"南辕北辙"，故事看似浅显却寓意深刻：无论做什么事，只有首先看准方向，才能充分发挥自己的有利条件；如果方向错了，那么有利条件越多，离原先的目标就越远；再深入些理解，也就是说违反客观规律，是无法达到目的的。

  一个人，每做一件事，每走一段路，都会有自己的目标。水手需要灯塔的指引，在野外我们也需要通过寻找北极星来确定方位，这些都是显而易见的引导和方向。与此类似，我们做各种事情，小到自己的人生发展，大到国家的存亡盛衰，社会发展的历程中，方向是什么，又该如何判断是否走在了正确的道路上？

  我们都知道，哲学是关于世界观的学问。我们通过学习哲学，可以理解我们和世界的关系问题，明白我们是什么，要到哪里去之类的根本问题。哲学使我们形成自己的世界观、人生观，而这些便是我们做各种事情的大方向，是我们人生的大方向，可以说任何事情都需要依托一定的哲学基础进行。

如今我们谈论、研究和发展非物质经济，哲学基础决定着这一切活动的发展方向，我们所有对非物质经济的理解都在一定的哲学基础上进行；而且任何一门学科体系，都是建立在能经得住哲学审视的基础上发展起来的。因而非物质经济理论的哲学基础是我们必须要解决的问题，也是在所有关于非物质经济的实践活动中必须坚持的核心内容。

一、哲学基础的重要性

（一）哲学

哲学，在古希腊文中，它是由"爱"和"智慧"这两个词组成的，也就是"爱智慧"的意思。在中国古代，把包含哲学思想在内的学问称为"道术"，把聪明而有智慧的人称为"哲人"。所以，近代以来，就把关于智慧的学问称作哲学。

哲学思想源远流长，是人类在认识存在的真谛、探索宇宙的奥秘和劳动实践的基础上，逐步形成的能够把握世界的文化样式。哲学在古代是人们用于解释整个世界的学问，堪称"科学之母"。然而随着科学不断地从哲学中分化出来，以及科学可解释领域的扩展，哲学一步一步地缩小自己的领地。"现代哲学的领域，实际上只剩下以逻辑和价值观为核心的少数领域"，早已没有"科学之母"的"威仪"。[①]

虽说哲学本身也提供方法，但哲学方法的作用，如果不是止于语词意义的划分（如形式逻辑），就是对思辨或者领悟有较大的依赖，比如现象学的方法，归根结底是为价值观服务的。[②] 可见哲学所能给具体学科提供

[①] 梁灿兴："寻找图书馆学的哲学基础"，《图书馆》，2012年第2期。
[②] 陈嘉映著：《哲学科学常识》，东方出版社2007年版。

的，主要是跟价值观有关的认识。

哲学通常被认为是有关世界观的学问，同时也是有关价值观的学问；是理论化、系统化的世界观，是自然知识、社会知识、思维知识的概括和总结，是世界观和方法论的统一。① 由此理解，非物质经济理论的哲学基础，就是指有关非物质经济理论的世界观和价值观基础。

（二）哲学基础的重要作用

既然非物质经济理论的哲学基础是有关非物质经济理论的世界观和价值观的基础，那么它到底是如何发挥自己的作用，又为何有这样的作用呢？

这很大程度上要从哲学本身的性质和作用说起，当然这里所说的哲学并不是指哲学某一流派，也不是指某一时期的哲学。而是自古希腊发源至今，囊括中、西、马等体系的整个人类哲学发展史上的哲学。在数千年哲学发展史上，产生了不计其数的哲学派别，它们观点各异、理论殊别，其发挥作用的大小与方式也是千差万别。但是，撇开具体的某些哲学体系不谈，它们所隶属的"哲学"这一整体概念，都对人类和人类社会发挥着极其重要的促进作用。

哲学作为一种精神产品，它是观念的产物，而"观念的东西不外是进入人的头脑并被改造过的物质的东西而已"②。人作为能实践、会思考的动物，也是各种行为的主体，人们的任何活动都或多或少地与自身的精神有关，或者很大程度上受到精神的支配。而人们的各种行为或称之为"实践活动"的过程，也是精神活动的过程。这两个过程相伴而行，并且相互影响和作用："精神过程从实践过程中获取资源、得到修正；而实践过程从精神过程中取得力量、取得指导"③。正是在这样的相互促进和影响下，人

---

① 袁贵仁著：《马克思主义哲学原理》，北京出版社2003年版。
② 中共中央马克思恩格斯列宁斯大林著作编译局：《马克思恩格斯选集：第1卷》，人民出版社1995年版。
③ 秦朗："对哲学的作用的几点思考"，《哲学研究》，2011年第11期。

们认识世界的精神能力不断得到提升，并且转化为改造物质世界的物质能量，这也正是我们说非物质经济对物质经济有促进作用的哲学根源。

正因为精神活动或者说哲学和实践活动的这种关系，古今中外的哲学家，无不注重精神的作用，也都努力使自己的哲学体系能为人类生存与发展提供积极的精神层面的指导。如果人们的精神陷于盲目、迷误、混乱、不安、贫乏、消沉乃至发昏或崩溃，就等于丧失了头脑和活的灵魂，也就是丧失了人之为人的实践能力。而"任何真正的哲学都是自己时代精神的精华"①，都对人类的实践活动具有正确的指导作用。

在前文中已经谈到，如果没有正确的方向，有利条件越多，离原先的目标就越远；违反客观规律，无法达到目的。哲学基础对于非物质经济理论的发展来说就是这样的一个方向性的存在，是指导非物质经济实践的精神力量，一个符合当今时代发展需求的哲学基础对非物质经济理论的发展具有重要意义。

二、非物质经济理论的哲学基础——天人合一

"天人合一"语出北宋张载的《正蒙》，但"天人合一"观念的起源则可以追溯到原始社会的"报"，即祭祀上天的意思。"天人合一"的"人"指人事、社会，主要指相对于自然界的人类。"天"的原意指人头，后引申为头上的空间，泛指自然界和自然规律，是与人类相对应的概念。②

（一）"天"

在中国传统文化中，一直有"天"这样一个概念："'天'是生生之源，宇宙万物乃至人类社会，其来源都可归结为天；天也是价值之源，人

---

① 中共中央马克思恩格斯列宁斯大林著作编译局：《马克思恩格斯选集：第1卷》，人民出版社1995年版。

② 封福霖："中国古代的'天人合一'思想与当代可持续发展战略"，《贵州民族学院学报》，2004年第2期。

的尊严、人类社会的神圣与崇高都来源于天。"① 天与人的关系也是中国传统哲学的基本问题，天人合一、天人相通是中国古代大多数思想家的共识。

道家讲"域中有四大"，"天"是其中之一。墨子讲"天志"，认为"天"希望正义，憎恨不义，不实行兼爱而行攻伐，"天"就会降给疾病、灾祸而不会给予富贵、福禄。② 与道家、墨家相比，儒家的天人关系思想更为丰富。孔子说："天何言哉？四时行焉，百物生焉，天何言哉？"③ 四时行、百物生是宇宙秩序，此秩序所以可能的依据是天，天是使实在成为可能的那个根据。④ 正因为有了"天"，四时、百物才成为一个息息相关的整体。在孔子看来，一切都来源于天，天是万物创化之根本。

万物皆来源于天，人自然也不会例外，人类社会也是天地演化的产物。《易传》⑤ 也有言："有天地，然后有万物；有万物，然后有男女；有男女，然后有夫妇；有夫妇，然后有父子；有父子，然后有君臣；有君臣，然后有上下；有上下，然后礼仪有所错。"⑥ 万物皆来源于天，是一个有机的整体，彼此之间有着感通的关系，人作为这个有机整体的一部分，自然也是跟万物、跟天存在着感通的，因而天人相通、天人合一是中国古代的哲学发展的一种必然。

（二）"天人合一"思想

所谓"究天人之际，穷古今之变"，这一直是中国古代哲人试图达到的境界，并为之一直努力践行，不断对自然规律进行思考和探索，这是中国哲学的重要部分。"天人合一"思想正是在这一探索中形成的看待人与

---

① 成云雷："中国古代廉政文化的哲学基础"，《廉政文化研究》，2011 年第 12 期。
② 郭齐勇著：《简明中国哲学》，高等教育出版社 2010 年版。
③ 杨伯峻著：《论语译注》，上海古籍出版社 1958 年版。
④ 刘晓竹著：《孔子政治哲学的原理意识：思辨儒学引论》，中国妇女出版社 2003 年版。
⑤ 《易传》是一部战国时期解说和发挥《易经》的论文集，其学说本于孔子，具体成于孔子后学之手。
⑥ 张善文著：《周易注译》，花城出版社 2001 年版。

自然关系的基本态度，是一种人与自然平等的世界观，甚至可以说将人至于比自然低的位置，人应该顺应自然、服从自然，强调建立人与自然的和谐关系。

然而同"天"的概念一样，"天人合一"虽是很多思想家的共识，但在不同的历史阶段，不同学派的哲人对"天人合一"这一理念也有不同的阐释。

专栏4-1　中国古代哲人对"天人合一"的不同认识

（一）先秦时期

《周易》明确提出了"天人协调"的思想，将天、地与人并称"三才"，认为自然界是一大天地，人是一小天地

道家

老子说："道生一，一生二，二生三，三生万物。"[①] 认为宇宙间万物是相互联系的整个生态体，人与外部环境都存在于统一的"自然"之中，并且认为应当求得天人合一，提出"人法地，地法天，天法道，道法自然。"[②]

老子的继承者庄子基本承袭老子的观点视"自然无为"的天道为人道的最高准则，故而提出"无以人灭天，无以故灭命"。"他所说的'人'是指违背天道的人为，'故'是指违背规律的私智技巧。庄子反对以人为对抗天道，绝不是主张人们什么事情都不做，只是强调人们做事时必须服从自然之道"。[③] 也就是说人做事要尊重自然规律，不

[①] 出自《道德经》第四十二章。
[②] 出自《道德经》第二十五章。
[③] 吴友发："'天人合一'与可持续发展"，《广西社会科学》，2003年第5期。

能违背自然规律。强调"天地一体","人与天为一"①，在此基础上推而广之，认为"万物与我为一"②。

儒家

孔子将人和自然界看作一个整体，他认为"知天命"、"畏天命"，进而"乐山乐水"，提出"人与天一"观，主张用"天意"来协调人类关系，建立稳定和谐的社会人伦秩序。

孟子提出"天人相通"观，这也是后来儒家一直坚持和流传的天人合一观。"天生蒸民，有物有则，民之秉彝，好是懿德"③，天不仅仅是自然存在的本体，而且还是道德义理等价值存在的本体。

相较于前几者，为先秦哲学的总结者荀子的观点相对复杂，"他肯定道家有见于自然之天，但批评他们'蔽于天而不知人'④；他不赞成孟子把人道直接归结于天道的做法，批评他'僻违而无类'⑤，即犯了无类比附的逻辑错误"⑥。荀子认为"天地者，生之本也。"⑦ 所有生命皆源自于自然界，但是天人相分，天道和人道既有对立的方面，又有统一的方面，因而要"明于天人之分"，进而天人相交、天人合一。

（二）西汉时期

西汉时，罢黜百家，独尊儒术。大儒董仲舒的"天人之际，合而为一"成为两千年来的一个重要观点。董仲舒认为"何谓本？曰：天、地、人，万物之本也。天生人，地养之，人成之，天生之以孝悌，地养之以衣食，人成之以礼乐。三者相为手足，合成一体。不可

---

① 出自《庄子·达生》。
② 出自《庄子·天下》。
③ 出自《孟子·告子上》。
④ 出自《荀子·解蔽》。
⑤ 出自《荀子·非十二子》。
⑥ 吴友发："'天人合一'与可持续发展"，《广西社会科学》，2003年第5期。
⑦ 出自《荀子·礼论篇》。

一无也。"① 他还将"自然资源分为'可食'资源和'不可食'资源,主张对'可食'资源要'益食之',保持天天都可食,以不辜负'天为之利人'的目的;而对'不可食'资源要'益蓄之',加以蓄养保护,因为这是上天对天下九州和华夏的体恤赐福('天憝')"②。这种爱护自然、资源可持续利用的观点对于我们今天仍然具有极大的启示。

(三) 唐朝

荀子的"天人相交"观点在唐代得到柳宗元和刘禹锡的发展,对荀子关于天人关系的论述做出了辩证的分析,尤其是刘禹锡。他提出"天与人交相胜,还相用"的观点,把天人合一描述为辩证的运动过程。"他注意到自然规律和社会规律的区别与联系,揭示了主观能动性与客观规律性之间的辩证关系,对辩证的天人合一观做出了比较具体的解释和说明。"③

(四) 宋明时期

北宋哲学家张载第一次明确提出了"天人合一"。之后理学家程颢、程颐提出"仁者,以天地万物为一体",把人与天地万物构成一个有机的整体,是一种无私的大我的天地境界。朱熹则把"天理"视为天人合一的哲学基础,认为理是宇宙万物的本原。

陆九渊和王阳明则是从心学的角度阐释了天人合一。陆九渊说:"宇宙便是吾心,吾心便是宇宙。"王阳明也提出了"大人者,以天地万物为一体者也"④ 的主张。

---

① 出自董仲舒《春秋繁露》。
② 葛桦:"'天人合一'思想的当代价值",《深圳职业技术学院学报》,2012年第4期。
③ 吴友发:"'天人合一'与可持续发展",《广西社会科学》,2003年第5期。
④ 出自王阳明《大学问》。

综合历史上不同学派、不同时期的哲人的观点，我们不难发现，他们都强调天与人的辩证统一，主张人与自然、人与人的和谐共处。这是中国哲学的基本精神，也是中国哲学异于西方的最显著的特征，是中华民族传统文化思想的核心和精神的实质。

在物质经济不断发展，各种问题层出不穷，大家都在寻找出路的情况下，中国的"天人合一"思想也得到了其他国家学者的认可，德国的波尔教授就曾指出："'天人合一'思想，它沟通了人与自然关系中的和谐与顺应。在环境污染和生态平衡遭到严重破坏的情况下，儒家的'天人合一'思想可以避免人类在危险的道路上越走越远。"①

"天人合一"与今天我们所提倡的可持续发展，人与自然、人与人、人与社会的协调发展思想，在本质上是一致的。本书中所说的作为非物质经济理论哲学基础的"天人合一"思想，也主要取中国古代哲人们共同认可的这层意思，"天"指的就是自然以及自然规律。

（三）非物质经济理论中的"天人合一"思想

"天人合一"思想作为非物质经济理论的哲学基础，为非物质经济理论研究和实践探索都指明了方向，那就是非物质经济应当是顺应自然、可持续发展的经济，非物质经济理论也应该是服从自然规律、遵从"天人合一"思想的经济理论。

人类社会经历了几千年的发展进步而形成今天的局面，其实就是一个不断改变自己以更好地适应自然，更好地顺应自然规律的过程，这一切都是与自然相合的结果。而在工业社会之后，科技飞速发展，经济高速膨胀，极快的经济发展速度，以及对经济利益的无休止追求，让人们在一段时间内高估了自身以及科技的能力，忽视了自然环境和资源的保护，违背了自然规律，造成了资源的极大消耗和浪费以及对环境的极大破坏，而这些违背自然规律的行为也给人们带来了恶果。

---

① 孙红："从天人合一到可持续发展"，《经济日报》，2003年9月24日。

非物质经济概论

因而人类既不能做自然的奴隶，又不能凌驾于自然之上，在征服自然的过程中，应努力使自己各方面的活动，特别是经济活动，与生态系统协调一致，不破坏人与自然系统的辩证统一性，这就是非物质经济理论要着重强调的。固然人具有极大的能动性，非物质经济也非常重视科技、文化等因素的重要作用，但这一切都必须以尊重自然，遵守自然规律为前提。发展非物质经济的一个重要目的就是充分利用现有资源，将它们的作用发挥到极致，在有限的资源条件下求得可持续发展，取得最大限度的效益，并能有效地保护现有资源的过度开采和浪费。

"天人合一"是发展非物质经济的指导思想也是目标，只有通过大力发展非物质经济，改善经济结构，调整非物质经济和物质经济的比例，才能真正实现可持续发展，达到"天人合一"。

三、非物质经济理论与物质经济理论的哲学基础比较

既然我们说所有的活动都有自己的指导方向，我们也已经分析了非物质经济理论的哲学基础，我们不得不谈一下物质经济的哲学基础，以及二者之间的关系。

（一）物质经济理论的哲学基础——"人本主义"

西方哲学一直对人十分关注，在哲学流派中，尤其是现代西方哲学中，人本主义思潮是主要思潮之一，也是关于"人"的最响亮的口号，更是贯穿于整个西方史的一个最重要的思潮。溯其历史，源远流长："古希腊人开启了通向人本主义的哲学之门，文艺复兴和启蒙运动上演了一场波澜壮阔的呼唤人性的伟大解放运动，近代哲学在其曲折的发展历程中更深化了哲学思考，拓展了对人的追问。"[①]

[①] 李春红："马克思的以人为本思想与西方人本主义思潮"，《吉林大学硕士学位论文》，2007年。

而到了近代，各种流派、体系仍然对人本主义进行执著地探索，从而产生了丰富的理论资源。如费尔巴哈独特的人本学，胡塞尔的生活世界理论，萨特的自在世界与自为世界的关系，杜威的经验自然主义，维特根斯坦的语言哲学理论，伽达默尔的释义学，马斯洛的人本哲学……"他们所要表达的观点都是要建立一种以人（人的意向、主体性、经验、语言等）为中心的哲学，一种强调人的超越性，即人的能动性和创造性的人本主义哲学。"①

这种以人为中心的哲学思潮可以说是物质经济的哲学基础。这体现在两点上，首先人是物质经济活动行为的主体，其次人是物质经济活动行为的目的。物质经济依赖生产资料，但物质生产资料只是被利用的对象，物质经济活动的中心是"劳动者"，劳动者可以肆意处理生产资料。同时，物质经济是保障人们"衣食住行用"的基础经济，物质经济从诞生起就以满足人们的衣食住行等物质需求为目的。

物质经济虽由来已久，但得到高速发展正是在资本主义萌芽之后，尤其在工业革命之后。与之同步发展的正是从文艺复兴开始的呼唤人性解放的哲学思想。文艺复兴时期的人本主义是一种特殊时期的人本主义，也是人本主义最初表现形式，它主要"对中世纪神学以神为中心，贬低人的地位，提倡禁欲而提出的。它重视人的自由意志和人对于自然的优越性，以人为衡量一切事物的标准，突出人的本性中的感性内容。"② 不得不说这一时期的人本主义为了和"以神为中心"对抗，在当时是具有时代进步性的。但在世俗化了的当今社会中仍然坚持人本主义，则过度强调了人，甚至是人的欲望。

随着生产力的发展、应对自然的能力增强，人们越来越相信人类完全可以征服自然，以自己的意志改变这个世界。因而对资源的处理愈发肆意，自身的需求或者说欲望愈发膨胀，越来越相信一切都该以"人"为核

---

① 李春红：《马克思的以人为本思想与西方人本主义思潮》，《吉林大学硕士学位论文》，2007年。

② 同注释①。

心。因此物质经济实践活动充分地展示了"人定胜天"、"征服自然"等理念,是过度化和极端化的人本主义,是对"人",尤其是"个人"的过度关注和重视。某种程度上已经发展成了极端自私自利的"个人主义",走上了一条企图征服自然,实则破坏自然,毁灭自己的不归路。

我们可以看到工业革命之后,经济进入了一个高速发展的时代。基本生存和生活所需的物质资料得到了极大的丰富,大部分人的物质生活得到了满足。此时对物质的追求陷入了一种极端的状态,很多甚至是不合理和病态的。譬如以动物毛皮制作衣物、将稀有物种搬上餐桌等,这些行为完全是为了人的私欲,是对自然资源的浪费、掠夺和破坏。

(二)"天人合一"和"人本主义"极端化

"天人合一"和"人本主义"是中西方哲学的两大重要思潮,二者都很注重"人"。而"天人合一"和"以人为大"的区别则在于,"天人合一"突出了人与自然的辩证统一,强调人作为经济活动的主体;在实践活动、发挥自身主观能动性的同时也考虑自然界和自然规律,努力使自己各方面的活动,特别是经济活动与生态系统协调一致。而人本主义思潮更多的是与神对立,强调人的主观能动性,极端的"人本主义"很明显地过度强调了"人"的重要性,忽略了自然界和自然规律,从而导致在物质经济高速发展、物质财富极大富足和膨胀的同时,自然界遭到了不可修复的侵蚀和破坏。

以如今的发展阶段和观点来看,很明显,"天人合一"、尊重自然是我们的不二选择,但不可否认我们所有的经济活动都是由"人"来开展的,也是为了"人"服务的。所以,"人"是一切经济理论都必须考虑的因素,也确实是最重要的因素。在之前很长的一段时间内,由于受到经济发展程度和社会发展阶段的制约,以满足人类的生存为目的生产活动,一定程度上忽略了对自然界的保护,在一定程度上也是可以理解的。

在不同的历史发展阶段,针对当时整个社会发展的主要矛盾,我们自然有不同的思想指导和方向,这里我们需要辩证地看待。即使在今天,重视"人"仍然具有非常重要的意义,只是极端化的人本主义是不可取的。正如亚当·斯密在《道德情操论》开篇中所言:"无论人们会认为某人怎样自私,这个人的天赋中总是明显地存在着这样一些本性,这些本性使他关心别人的命运,把别人的幸福看成是自己的事情,虽然他除了看到别人幸福而感到高兴以外,一无所得"①。亚当·斯密的《国富论》是资本主义制度的奠基著作,但他的《道德情操论》则是资本主义制度的"补正剂"。亚当·斯密强调要把自己的幸福建立在别人的幸福基础之上,大家幸福自己才能谈得上幸福。故,人之所以为人,就是因为这样的一种"同情"和"共荣"存在,而这种"同情"和"共荣"从对个人扩大到对自然、对世界、对他人,就是"天人合一";极端的个人主义则违背了人的本性。

(三)从极端化"人本主义"到"以人为本"

当经济发展带来的各种污染和破坏逐渐开始展现其危害性,每个人都不得不开始思考之前的经济行为方式是否合适,开始重新定位人和自然的关系,尤其是1972年在斯德哥尔摩举行的联合国人类环境研讨会提出可持续发展(sustainable development)的概念之后,极端化的"人本主义",甚至是"个人主义"逐渐被抛弃,逐渐转变为"以人为本"的思想。

提到"以人为本",我们都不陌生,尤其是在中共中央十七大明确提出"科学发展观第一要义是发展,核心是以人为本"之后。虽然我们这里所讲的作为物质经济哲学基础的"以人为本"与我国在科学发展观中要求的"以人为本"存在着本质差别,但就其哲学意义本身来说,确有共通之处。

"以人为本"理论是马克思主义的重要内容,体现了马克思主义世界观、人生观、价值观的统一。

从世界观层面讲,"以人为本",就是指人是社会的根本,人是社会的

---

① [英]亚当·斯密著,蒋自强、钦北愚、朱忠棣、沈凯璋译,《道德情操论》,商务印书馆2003年版。

非物质经济概论

创造者。社会是由人组成的，人是社会的主体，人类社会存在、发展都离不开人。从认识论层面讲，"以人为本"，就是指人是认识的主体，是实践的主体。认识世界，改造世界，都离不开人。从历史观层面讲，"以人为本"，是指社会生产力的主体是人，社会变革的主体是人。从人与自然的关系层面讲，"以人为本"，就是指人是这种关系的矛盾的主要方面，人不应当是物的奴隶，而应当是自然的主人，人要改造自然，又要保护自然①。

社会是由人组成的，人是社会的主体，人类社会的存在和发展都离不开人。马克思还提出"现实的人"不是自然的人，不是脱离社会关系和社会结构的人，而是以物质生活为基础的融于经济、政治、革命等现实的人类实践之中的社会的人，所以物质经济理论坚持从人出发。与之前极端化的"人本主义"相比较，"以人为本"思想的提出变得不再忽视自然，强调改造自然的同时还要保护自然。

（四）"天人合一"和"以人为本"的辩证统一

面对前期物质经济理论和实践忽略自然带来的后果，一方面物质经济理论也在修正和调整方向，同时也有一些学者转向了非物质领域。1985 年利奥塔等后现代主义者所创意的那次题名为"非物质"的展览会，"其初衷是要唤起人们对现代性危机的警觉和对后现代状况的反思"②。

利奥塔认为，"18 世纪末，欧洲和美洲以自由和道德启蒙的名义声称把光明、法律和财富传遍人类世界。200 年的杀戮以及国内、国际和世界大战之后，我们现在开始为这种傲慢悲悼。至少在背景的布置上，'非物质'远距离地呼应了这一睿智的忧郁。"③ 对现代性的失望与反叛是后现代价值观登场的前提，也是提出"非物质"概念的语境。

但其实不管是非物质概念的提出，还是物质经济的改进，都是为了解

---

① 罗恢远、刘歌德："对科学发展观'以人为本'的几点思考"，《学术研究》，2011 年第 11 期。
② 叶舒宪：《符号经济与非物质文化遗产》，广东人民出版社 2012 年版，第 172~183 页。
③ ［法］利奥塔著，陈永国译：《非物质》，天津社会科学院出版社 2002 年版，第 41 页。

决早期极端"人本主义"思想指导下物质经济发展带来的问题,很显然二者的目的具有一致性,所走的道路略有不同。前者是整个社会经济形态的调整,后者是物质经济自身的改变。但二者并不对立,反而是相辅相成、辩证统一的:"天人合一"是我们所有经济活动的大方向和目标,但这要建立在"以人为本"的基础上,不能抛弃人类生存、发展的正常需求;同时"以人为本"要遵从"天人合一"这个大前提,不能过渡到以前那种不顾及自然,完全"以人为大"的程度。

这与非物质经济和物质经济的辩证统一一脉相承,在当今社会,物质经济和非物质经济都是经济活动的重要内容,各自承担不同的经济性质和目的的经济活动,满足人类的不同需求。物质经济是基础,非物质经济是新方向。

如今纯粹的物质经济已经远远不能满足人们的生活需要,而非物质经济的强大力量给我们原有的生产生活注入了新的元素。在今天的经济活动中,非物质经济的分量从人类最初的微不足道,到今天发展到几乎占到经济活动总量的80%,而且仍有上升的趋势和空间。

非物质经济的发展势头如此强大,有没有可能有一天完全取代物质经济呢?答案是否定的,我们的社会绝不可能说有一天会发展到只有非物质经济,没有物质经济。只要人类存在,需要生存,物质经济就会一直存在。物质经济应该也必须保持满足人类最基本的生存和生活发展需要所需的份额。

四、本章小结

任何学科理论,都是建立在一定的哲学基础之上的。任何实践行为,都要有方向指导。哲学基础对于我们研究非物质经济理论和进行非物质经济实践具有方向性的指导作用。

非物质经济以中国传统哲学思想"天人合一"为指导,对于正确处理人和自然的关系,实现可持续发展具有重要意义。而回顾物质经济的发展历程，其哲学基础从极端化"人本主义"转变为"以人为本"的思想是适应时代和社会潮流的。

在当前的情况下，我们要正确处理人和自然的关系，在实际的经济行为中要将非物质经济和物质经济辩证统一。在进行经济理论和实践的研究过程中要将"天人合一"和"以人为本"辩证统一，从而实现社会的和谐与可持续发展。关于非物质经济理论和物质经济理论之间在哲学基础辩证统一的基础上如何相通和促进，我们用接下来的一章对这个问题进行论述。

第5章　非物质经济理论与传统的物质经济理论的相通与促进

任何非物质文明都将会严重地物质化，因为它的非物质产品必须与生产、稳固和支配它们的下部机械结构连接在一起。

汤因比——一个曾经提出反叛性观点的无可争议的革命者——曾经写道，"人类将无生命的和未加工的物质转化成工具，并给予它们以未加工的物质从未有的功能和形式。而这种功能和样式是非物质性的：正是通过物质，才创造出这些非物质的东西。"

人类发展的历史进程证明，生态持续是基础，经济持续是条件，社会持续是目的。只有领导者在经济活动中纠正不顾生态环境成本、单纯追求经济增长的"政绩化"行为，才能实现人类共同追求的自然—经济—社会复合系统的持续、稳定、协同发展。

综观经济学界关于经济增长的理论，我们发现，关于经济增长理论的研究具有三大局限：一是经济增长理论研究的现实出发点都是实体经济，而没有将非物质经济这一经济形态作为研究的现实基点；二是经济增长要素都是实际经济增长要素，即实际的资本、实际的劳动、实际的技术，而人力资本、组织资本、知识资本、社会关系、政府政策、社会环境、空间时间、平台媒介、科学技术、制度系统等非物质经济因素都没有被考虑进去；三是经济增长的投入产出关系是物质的价值关系，也就是所反映的价值关系是以一定物质资源为载体的价值关系，而无法将非物质资源，比如

非物质经济概论

信息、符号、品牌等要素关系纳入研究视野之中①。

传统的物质经济理论应当要与时俱进,与非物质经济理论相互促进,共同提高人类社会的福祉。非物质经济推动了资本在全球的迅速扩张和吸纳,使主要资本主义国家实现了奇迹般的富有,并引起了社会生活的重大变革;同时非物质经济也被众多学者认识到了是解决日益严重的全球环境问题的希望所在。非物质经济概念的提出,并非要全盘否定物质经济,而是两者要有适当的比例,以促进社会更好的帕累托改进(因非物质经济一直存在于我们的生产和生活中)。

本章主要结合案例,讲述在经济发展中物质经济理论与非物质经济理论的相互促进。

一、重新审视经济增长

像其他任何事情一样,经济增长是要付出代价的。正如前文所述,物质经济的增长所带来的生态破坏等问题越来越突出,因此"非物质经济"的概念正日益受到人们的重视和强调。从人性的角度出发,人们可能并不喜欢与快速增长的物质经济联系在一起的社会生活,而更喜欢在一个相对稳定的社会中生活。或者,即使人们能够适应物质经济不断增长的社会,也可能不喜欢由稳定社会转变为增长社会的转型过程。

本节将从经济增长的好处、经济增长所需要的社会态度以及社会转型问题三个方面来阐述增长的代价。可以说,不管是物质经济还是非物质经济,只要追求增长都会有所代价——只是它们的代价在质和量上有所不同。下面的分析中,我们首先要明确的思想是:物质经济诚然有问题,非物质经济也并非完美无缺。

---

① 满例、满斌:"非物质经济增长的理论探讨",《Market Modernization》,热点分析。

（一）经济增长的好处

经济增长的好处并不是财富增加了人们的幸福感，而是财富增加了人们选择的范围。这也是随着物质经济发展到了一定程度产生了相应的问题，而后非物质经济开始发展起来的一个原因——把财富跟幸福联系起来是很难的。幸福来自一个人对生活的看法：随遇而安，乐观开朗和不为未来担心。有人假设，当财富增加的财力超过财富增加的期望时，人的幸福感就会增加。但事实并不一定如此。

1974年，伊斯特林通过大量的实证研究提出了著名的幸福悖论（paradox of happiness，也称为"相对幸福理论"）①。伊斯特林发现：富国和穷国之间的主观幸福感差距不是很明显；就国家整体水平来讲，当国家变得更富裕并不会提高国民的主观幸福感。例如，美国1945—1970年的经济增长并没有引起国民整体幸福感的增加。如果在获得财富以后，不再随遇而安，而是对财力和前途更加担心了，那么财富会减少幸福。比如，有证据表明，美国社会精神上的动荡比其他国家严重得多。即使考虑统计口径上的差异，研究表明，较高的自杀率与在一个已经富有的社会中追求更大成功的努力是存在相关关系的。每个人生活的目的是什么，或许有多种答案。但是如果仅仅是幸福，那么社会的发展可能很久以前就终止了。没有理由认为人比猪更幸福。人与猪的差别在于，人类具有控制自己所处环境的能力，而不在于人类更加感到幸福。因此，经济增长的作用是，它增强了人类控制自己所处环境的能力，从而使人类获得更大的自由。

原始阶段，人类为生存而斗争。人们经过极其艰难的劳动从土地上得到仅仅能够维持基本生活的物质。而经济增长则使得人类能够摆脱这种饥一顿、饱一顿的无能为力的状态。技术的进步减少了人力劳动量，增加了衣食住行的数量和种类。生活本身从自然威胁中摆脱了出来。

---

① Richard A. Easterlin, "Does Economic Growth Improve the Human Lot? Some Empirical Evidence," 1974, pp. 98-125.

非物质经济概论

原始阶段，人类仅仅为了活命就得拼命劳作。经济增长后，"衣食住行用"等温饱问题的解决更加容易，人们得以拥有更多闲暇时间的自由，所获得的服务也相应增加。比如，支持艺术活动得以可能，欣赏最优秀作曲家的作品得以可能，观看伦勃朗和埃尔格雷科的作品得以可能。

经济落后时，妇女是苦役，在家里可以连续几小时碾磨谷物。经济增长后，她们得以摆脱沉重的劳动，获得个人发展的机会，可以像男人一样思考和发挥才能。经济增长还使得人类能够享受更多的人道主义，防止可能会出现的因生存而导致的社会对立和冲突等等。

但现代社会面临的问题是，物质经济增长到一定程度，人类对自己所处的环境进行了破坏，使环境本身不能自我恢复。从某种角度讲，人类正在失去由经济增长而带来的自由。越来越多的人已认识到，期望世界上所有国家都维持经济的增长或者期望全世界都过上美国人的生活更多的时候是一个幻想，因为其后果只会使地球上的矿物及自然资源迅速枯竭。我们需要正视单纯追求经济增长，尤其是物质经济增长所带来的问题。

（二）对经济增长的审视

如果不用付出代价就可以得到好处，几乎人人都会赞成。在人们的"衣食住行用"等基本需要在大部分地区都得到了满足的当今社会，物质经济理论主导下的经济增长所能带来的好处明显在慢慢减少，而其缺陷和问题却在日益凸显，变得不容忽视，比如环境问题。一味地追求物质经济的增长和唯物质主义，使得人们不再崇尚节约的精神，"关心和爱护资源"成为一句口号。

一味地追求物质经济的增长，就可能发展为极端的个人主义。而非物质经济思想和理论的提出，就是为了抑制个人主义的弊端，在"天人合一"和个人主义之间实现辩证的统一，达到一种平衡。

在物质经济的世界里，经济增长依靠改进技术，很容易就让理性头脑只注重技术的改进，而逐步认为类似宗教等精神世界的力量跟现实理性的科学是完全矛盾的①。然而物质和精神生活都是人类社会赖以生存的基础。正如"非物质经济"不能脱离"物质经济"而独立存在一样，物质经济的进一步发展取决于非物质经济的丰富和壮大。

物质经济的增长往往是与专业化分工和规模经济联系在一起的。后者虽然提高了效率，降低了成本，但与人性在有些方面是冲突的。专业化使得人们不得不反复做同样一件事情，不管是往螺栓上拧螺帽，还是在大学里反复讲同样的课。人们开始不喜欢流水线上生产出来的同质的商品，而选择手工制造出的个性化产品。这说明，物质经济发展到一定阶段后，人们更加渴望个性化和变化。同样，人们也开始不喜欢物质经济中所实行的严格的纪律：日复一日，同时起床，同时到达工作地点，做大致同样的事情，差不多同时回家。物质经济所带来的枯燥单调使得人们只能像机械一样生活。而非物质经济的发展，则会赋予人们更多的选择自由，使人类的生产力、创造力获得更大程度的解放。

正因为物质经济增长有得有失，所以我们一方面要通过它来消灭贫困、文盲和疾病，另一方面又要大力发展非物质经济来满足人们在精神上的追求。换句话说，我们在解决了基本的"衣食住行用"等基本物质需求、从与大自然的斗争中解放出来之后，更需要关注"望闻思乐美"这些主观感觉和精神层面的需求，从唯物质经济、唯GDP增长中解放出来。

（三）物质经济到非物质经济：走向稳态的经济增长

这里所指的"增长"，是指用以维持商品生产和消费的经济活动的物质和能量在物理流量规模上的增加。在稳态经济（steady-state economics, SSE）中，尽管总流量在竞争性使用中的配置可根据市场自由而发生变化，但它的总量是恒定的。增长只是流量在物理规模上的数量增加。而来源于技术知识的改善或是对目标的更深理解，由既定流量规模在使用中完成了

---

① （英）阿瑟·刘易斯著，周师铭、沈丙杰、沈伯根译：《经济增长理论》，商务印书馆1983版。

非物质经济概论

性能的改善，才被称之为"发展"。在一个完美的市场中，我们最好的期望就是帕累托的最佳资源配置（即没有人在使其他人情况更坏的情况下使自己变得更好）①。经济学家往往倾向于追求最大化：利润、租金、现值、消费者剩余等。那么，在稳态经济中，什么将会被最大化？简单来说，是自然资源的利用效率和高层次的精神生活。

传统的经济学说以研究物质经济为主，忽视了有限性、熵和生态的相互依赖性。它们的前提和分析观点缺乏流量的概念，只是把经济看成交换价值的一个孤立循环流程，这从早期的任何一本经济学基础教科书的章节中都能得到印证。

然而包括经济学家在内的很多人都知道，经济增长要从环境中提取原材料，并向环境排放废物。那么，为什么这个众人皆知的事实会在循环流程的范式中被忽视呢？主要原因是因为经济学家只对稀缺性感兴趣，认为稀缺创造价值，认为不稀缺的事物都被自动省去了。相对于经济需求，环境的资源供给和接收废物的能力一直都被认为是无限的，在经济理论形成的年代里，这或多或少是一个事实。

而现在我们不得不考虑经济增长的"外部性"了。物质经济增长把赌注从对单个生命的损失扩展到了大规模的生态破坏。过度激增的人口、有毒的废物、酸雨、气候变化、热带雨林的毁坏以及生态系统服务功能的降低等等，这些由于反环境的人为侵略所造成的环境恶化现象都显示了物质经济增长的失败。还有学者指出，物质经济领域的最大失败就是从来没有间断过的军备竞赛②。这种竞争不仅没有给人类带来更多的安全，反而降低了人们的安全感。经济子系统相对于外部的生态系统越来越庞大，某种程度上，剩下的自然资本相对于人造资本变得越来越稀缺，这就颠倒了以前物质经济宏观理论中的稀缺性前提。

---

① 赫尔曼·E. 戴利著，诸大建、胡圣等译：《超越增长——可持续发展的经济学》，上海译文出版社2009年版。
② 赫尔曼·E. 戴利著，诸大建、胡圣等译，《超越增长——可持续发展的经济学》，上海译文出版社2009年版。

经济学的逻辑要求我们在短期内最大限度地提高限制性要素的生产能力,从长期看要投资于提高其供应。当限制性要素发生改变时,过去的理性行为就变成了非理性行为。世界的稀缺模式改变了,经济理论就必须发生相应的变化。在经济活动的实践中,我们不仅仅是最大限度地投资于人造资本,而是需要投资于自然资本,保持生态系统的平衡和再生性。在非物质经济理论里,我们需要将经济发展的外部性考虑入增长函数,追求可持续发展。

专栏 5-1　　　智慧经济

厄尔·库克(1982)在他的《新马尔萨斯的信仰》中描绘了"智慧经济"的主要特征:

"以材料和能量的平衡来决定生产。"

"消费水平对发明的促进作用大大增强,甚至超过了发明本身的必要性。"这就是说,科学和技术需要经济盈余的支撑。

"真正的财富是依靠来自自然的技术。"或者,像威廉·佩蒂所说的,技术是财富的父亲,而自然是母亲。

"人类的适当目标是使精神收入最大化,精神收入最大化的目标是通过把自然资源转化成有用的商品并且最大限度地提高使用这些商品的效率来实现的,"同时,"对资源转化成人们精神收入的效率进行评价测量的适当方法是把人们的生命时间,用微积分拓展到未来未出生的人。"

"自然法则并不会屈服于人类对它的否定。"

"工业革命可以定义为,当基础资源尤其是非人工的能源日渐廉价和丰富的人类历史时期。"

"上述定义的工业革命正在结束。"

"有足够的理由相信自然资源会变得越来越昂贵。"

"资源问题在各国之间是非常不同的。把亚马逊河和萨赫勒地区的资源储备加起来计算人均的木材使用量是没有用的。"

非物质经济概论

二、经济增长理论的演变

(一) 古典经济增长理论

亚当·斯密在其1776年经典著作《国民财富的性质和原因的研究》中最早论述了经济增长问题。斯密认为,增长的动力在于劳动分工、资本积累和技术进步。个人的正当动机是启动和维持经济增长过程的最重要因素,让人们追求自身的利益有利于促进经济增长。他强调一个稳定的法律制度的重要性,市场无形的手只有在这样的体制下才能发挥作用。他认为,只有开放的贸易体制,才能使穷国赶上富国。

大卫·李嘉图在1817年《政治经济学与赋税原理》中提出了有关经济增长的一个重要理论,即报酬递减规律。他同意斯密对资本积累的强调,但他却得出了一个悲观的结论,即在土地上增加投资,得到的回报会不断减少。他的模型缺乏技术进步的概念,在回报递减规律的支配下,人口增长与资源消耗和资本积累与市场扩大之间的冲突,最终将使资本积累停止,人口保持稳定,经济进入稳定状态。这意味着,经济增长过程最终会停止,尽管对外贸易会暂时延缓这一过程。

亚当·斯密、大卫·李嘉图、托马斯·马尔萨斯、弗兰克·拉姆塞、阿林·杨格、弗兰克·纳特和约瑟夫·熊彼特等许多古典经济学家,为现代经济增长理论提供了许多基本概念。这些概念包括竞争行为和动态均衡的基本方法,报酬递减的规律及其与物质资本和人力资本积累的关系,人均收入和人口增长率之间的相互作用,劳动专门化程度提高和新产品与新生产方法发现所导致的技术进步的作用,以及垄断力量作为一种激励对技术进步的作用等。

现代意义上的经济增长理论则是从凯恩斯的理论派生出来的。在"凯恩斯革命"前的一个多世纪中,正统的经济学主要研究资源的有效配置,而不研究经济增长理论。哈罗德和多马的研究是现代经济增长理论的开端,他们试图将凯恩斯主义的分析与经济增长分析相结合。他们使用生产投入要素间无替代性的生产函数,认为资本主义制度本质上是不稳定的。

(二) 新古典经济增长理论

新古典增长模型具有两个重要的经济含义。第一,当资本存量增长时,经济增长会减慢,最终经济增长将停止,理由是资本报酬递减规律。第二,基于同样的理由,穷国应该比富国增长更快。

新古典经济增长理论的上述结论并不符合世界各国经济增长的现实。在过去100多年间,许多国家的人均产出保持正的增长率,增长率并没有下降的趋势。对16个统计数据比较完整的发达国家的研究表明,这些经济体的经济增长率虽然在1970年以来有所下降,但仍明显高于1870年以来早期的经济增长率[1]。新古典增长理论家在20世纪50年代末和60年代认识到模型的这一缺陷,并以假定外生的技术进步来弥补。这种方法在保持条件趋同的同时,推导出了长期的正的人均产出增长率。凯斯和科普曼斯将拉姆赛的消费者最优化分析引入新古典经济增长模型,从而提供了内生决定的储蓄率。但是并没能消除长期人均产出增长率对外生技术进步的依赖。

新古典经济增长理论中关于穷国增长更快的结论,也与实际情况有差距。根据118个国家在1960—1985年期间的统计数据,较穷的国家并没有显示出较高的经济增长率[2]。

(三) 新经济增长理论

以罗默和卢卡斯的著作为开端,20世纪80年代中期以来,经济增长理论研究出现了新的高潮。这一研究的动力是认识到长期经济增长的决定因素是极为重要的,比商业周期机制或财政货币的反周期效应要重要得

---

[1] Barro, Robert J. &. Sala-I-Martin, Xavier (1995). Economic Growth, McGraw-Hill, Inc.
[2] Barro, Robert J. &. Sala-I-Martin, Xavier (1995). Economic Growth, McGraw-Hill, Inc.

多。这一理论最近的贡献是内生经济增长模型。

罗默、卢卡斯和雷贝洛的研究引入了知识在生产者之间的外溢和来自人力资本的外部利益这些新的概念,从而克服了资本积累的报酬递减趋势。

将研究与开发理论、不完全竞争理论,以及增长理论框架相结合的尝试,始于罗默1987年的《建立在专业化导致报酬递增的基础上的增长》和1990年的《内生的技术变化》。阿格海恩和霍维特的《通过创造性破坏达到增长的模型》以及格罗斯曼和赫尔普曼的《全球经济的创新与增长》也对此作了重要贡献。这些模型中,技术进步来自于研发活动,这些活动通过知识产权保护来获得补偿。如果能不断产生新的科学技术思想,增长率就能长期保持正值。

在新经济增长理论的分析框架中,经济的长期增长与否与政府的行为相关。政府的税收、法律和秩序的维持,基础设施服务的供给,知识产权的保护、国际贸易、金融市场和经济其他方面的规则等都会产生影响。因此,政策通过影响长期增长率,对社会经济福利具有巨大的影响力[①]。

(四) 非物质经济理论:跳出经济发展经济

随着发展,经济要素开始扩张,呈现泛资本化,即各种要素尤其是非经济要素、非物质因素不断注入经济之中。主要有:科技、知识元素注入经济,形成科技与经济的融合发展;信息元素注入经济,形成信息与经济的融合发展;文化元素注入经济,形成文化与经济的融合发展,这是最高形态的融合发展。随着人类进入知识经济时代,加之文化的开放性发展,文化元素融入经济之中,逐步成为经济发展最为重要和有效的动力机制。以文化为核心的非物质经济成为主导力量引领经济发展。可持续发展的概念也越来越成为经济增长和发展的核心思想。非物质经济提供了一种"跳

---

① (英)阿瑟·刘易斯著,周师铭、沈丙杰、沈伯根译:《经济增长理论》,商务印书馆1983年版。

出经济看经济，跳出经济发展经济"的新的思路和方法。

三、经济增长理论与产业结构优化

经济增长与产业结构优化有着内在联系。经济增长和产业结构变动是同一过程的两面。非物质经济理论将有助于促进经济增长中的产业结构的调整和优化。

（一）经济增长与产业结构关系的理论分析

对于经济增长和产业结构的关系研究，比较有代表性的经济学家有库兹涅茨、钱纳里和罗斯托。

库兹涅茨提出经济增长因素主要是知识存量的增加，劳动生产力的提高和结构方面的变化。在对结构变化的研究中，他主要关注以下两个方面：总产值中各部门份额的截面考察和长期趋势考察；劳动力各部门份额的截面考察和长期趋势考察（见表5-1）。

表5-1　　生产部门在国内生产总值（按要素费用）中的份额

	国家分组（按1958年人口平均GDP递增次序分组）							
	1	2	3	4	5	6	7	8
国家数	6	6	6	6	6	6	6	6
按人口平均的国内生产总值（美元）主要部门的份额	51.8	82.6	138	221	360	540	864	1382
A①	53.6	44.6	37.9	32.3	22.5	17.4	11.8	9.2
I②	18.5	22.4	24.6	29.4	35.2	39.5	52.9	50.2
S③	27.9	33.0	37.5	38.3	42.3	43.1	35.3	40.6

资料来源：库兹涅茨：《各国经济的增长》，商务印书馆，1985年8月版，第111页。

---

① A部门包括农业、林业、渔业和狩猎业。
② I部门——第二产业，包括矿业及采掘业，制造业，建筑业，电力、煤气、水，运输和通信。
③ S部门——第三产业，包括商业、银行、保险、房地产、住房的所有权、政府及国防、其他服务。

非物质经济概论

部门产值份额变动表明了在经济增长过程中,产业结构变动的趋势是:第一产业在总产值中的比重逐步降低,第二、第三产业在总产值中的比重逐步增加。这个趋势在各部门劳动力占总劳动力比重的变化中也存在(见表5-2)。

表5-2　　　根据1958年按人口平均GDP基准水平
　　　　　　计算的劳动力的生产部门份额(%)

	1958年GDP基准水平(美元)				
	70 (1)	150 (2)	300 (3)	500 (4)	1000 (5)
	1960年的份额				
A	80.5	63.6	46.1	31.4	17.0
I	9.6	17.0	26.8	36.0	45.6
S	9.9	19.7	27.1	32.6	37.4

资料来源:库兹涅茨:《各国经济的增长》,商务印书馆1985年版。

钱纳里把经济增长过程看作国民经济结构的一组变化,这组变化与国民收入水平的增长有密切的关系。钱纳里采用一般均衡性质的结构变化模型描述了经济增长过程中经济结构各部门之间的相依性。钱纳里借助于刘易斯二元经济模型,将二元经济结构和一元经济结构分别对应于传统经济体系和现代经济体系,并将传统经济向现代经济的转变定义为:"为维持收入和社会福利的连续增长所必须经历的一系列变化。"其中对于结构因素的引入,也包含了非物质经济增长的思想,体现了一种战略性的结构调整思维,而不是局限于操作层面的运营调整。

罗斯托认为,现代经济增长在本质上是一个产业部门变化的过程,它根植于现代技术所提供的生产函数的累积扩散之中,这些发生在技术与组织之中的变化只能从产业经济部门的角度来加以分析[1]。技术创新具有强烈的渗透性、明显的超前性和可分享性,使其在改变着"人的因素"的同时改变着"物的因素"。这与非物质经济理论对"创新"的强调是一致的。

---

[1] 毛健著:《经济增长理论探索》,商务印书馆2009年版。

物质经济理论认为,经济增长并不是脱离产业结构而独立发生的经济过程,恰恰是产业结构不断变化而使其功能不断提高的结果。随着产业的不断调整,非物质经济思想所体现的产业部门得到更大程度的发展,更好地促进人类社会的共同福祉的增长。

(二)经济增长与产业结构关系的案例分析

对发达国家经济起飞阶段的产业结构变动进行综合考察,会更清晰地显现经济增长中产业结构优化的规律性。这里以美国为例。

美国的工业革命开始于19世纪,首先从棉纺织业开始,仿制英国的机器,引进英国的技术进行机器生产。由于美国有充足的年富力强的劳动力,有巨额的资本积累,有广大的国内市场,又没有封建行会的束缚,因此,机器生产得以迅速推广。随着工业革命的推进,美国炼铁业、炼钢业的技术不断改进,产量成倍增长;而新兴工业部门,如橡胶工业、石油工业、电讯业也有了较大发展。1810—1860年,美国工业总产值增长近9倍,当时的美国工业生产已经在世界上仅次于英国、法国而居第三位。南北战争后,美国经济增长势头更为显著,在钢铁工业、汽车制造业和建筑业等主导产业部门的带动下,1860—1913年,生铁产量由84万吨增至3146万吨。新兴工业部门增长更为迅速,汽车产量1900年为4200辆,1914年增至57.3万辆[①]。基础产业的强有力支撑,主导产业部门的带动,使这一时期产业结构的变动十分明显,成为经济快速增长不可缺少的结构条件。产业结构的变化可由表5-3、表5-4显示出来。

美国产业结构的优化发展到今天,最明显的特征是以信息产业、文化产业为核心的非物质经济在国民经济中占据着越来越重要的地位,已成为美国的经济支柱。有资料显示,新经济已为美国数百万"知识工人"创造了就业机会,占据了美国GNP的70%以上,美国的广电、娱乐、报刊杂志的总收入在1000亿美元以上。风靡世界的好莱坞电影《泰坦尼克号》

---

① 毛健著:《经济增长理论探索》,商务印书馆2009年版。

非物质经济概论

表 5-3　美国 GDP 中主要部门份额的长期变动趋势（%）

（按当年价格计算）

	A	I					S
		总计	采矿	制造	建筑	电力煤气水运输和通信	
1839 年	42.6	25.8	0.6	14.3	4.5	6.4	31.6
1889—1899 年	17.9	44.1	2.2	25.4	7.0	9.5	38.0
1889—1899 年与 1839 年比	-24.7	+18.3	+1.6	+11.1	+2.5	+3.1	+6.4

资料来源：根据库兹涅兹《各国的经济增长》，商务印书馆 1985 年版，第 154 页表 21 及第 169 页表 22 整理。

表 5-4　美国 1880—1914 年制造业中部分行业在整个制造业总产值中所占份额（%）

（按 1929 年价格计算）

		1880 年	1914 年	1914 年发展为 1880 年的倍数
增加的行业	金属建筑材料及原料	0.3	2.14	7
	电力机器设备、无线电等	0.1	1.8	18
	钢铁	4.1	7.5	1.8
	汽车（包括橡胶产品、石油炼制、机动车辆）	0.5	3.2	6.4
减少的行业	棉毛等纺织品	121	8.4	0.69
	制鞋及皮革产品	12.1	5.7	0.47
	锯木、板材及其他木材产品	19.3	8.6	0.45
	牲畜屠宰加工产品	12.4	8.4	0.68

资料来源：根据库兹涅兹《各国的经济增长》，商务印书馆 1985 年版，第 337 页表 37 计算整理。

创下 15 亿美元的票房价值。美国将发展高科技、文化产业作为经济发展的方向，取得了举世瞩目的成就[①]。

[①] 文化产业成为国民经济的支柱产业之一，2006 年 11 月 19 日，转引自文化产业网 http：//www.culindustries.com。

产业结构的优化，既是经济增长的客观要求，又是经济增长的必要条件。产业结构是国民经济结构的核心与基础。产业结构在本质上反映产业间生产、交换、消费等方面的相互联系。从产业结构调整着手，谋求在经济上赶上发达国家，是第二次世界大战后不少后起国家和地区推进经济增长的一个共同特点。比如，日本在20世纪50年代基本处于劳动密集型产业阶段，60年代上升到资本密集型产业阶段，70年代中期起，又着手将资本密集型产业改造为技术密集型的产业结构。现在，动漫等非物质文化产业的发展又为日本产业结构的进一步优化注入了新的活力。

从发达国家经济增长的历史看，工业化初期产业结构是轻型结构，工业化中期产业结构明显地向重化工业倾斜，工业化后期以汽车、家用电器为代表的耐用消费品产业成为主导产业，在科学技术突飞猛进的当代，以微电子技术、信息技术、新能源和新材料等为代表的高新技术产业日益发展成为主导产业，越来越注重创新，产业结构向着符号化、品牌化、信息化、概念化等发展，如好莱坞的打造、苹果公司的神话等，逐步脱离物质经济，向非物质经济发展。

（三）非物质经济促进产业结构调整与优化

非物质经济时代，生产力要素中劳动者的地位和作用超越了劳动工具和劳动对象要素，自然资源和资金对于经济发展的约束作用开始削弱，高素质的劳动者、信息资源和知识技术成为经济增长的首要因素。非物质经济资源已成为一种无形的"第一生产要素"，成为经济增长的主要动力和根源，具有配置资本等生产要素的能力。非物质经济资源成为核心竞争力。

在非物质经济时代，经济增长是物质经济结构——核心是产业结构——的升级，经济增长的实质性内容是结构向更高档次的优化，经济增长是结构升级的一种表现。需求结构的变化加快了产业结构调整。非物质经济是以高科技知识产业为主导产业的经济，不仅使得经济增长高质量，人均收入水平也快速提高，人均福利和幸福感受也提高。这又进一步导致了社会生活条件的改善和消费方式、消费结构的变更。

科技发展迅速，促进了产业结构的调整。由于研究和开发活动积极活跃，使新知识、新技术、新产品不断涌现。科技进步越快，产业结构调整的速度就越快。这样，非物质经济也为经济可持续增长提供了可能。高新技术产业和创新能力的应用，有力地支撑着知识经济时代的经济增长。高新技术产业的发展和更多的品牌、概念、符号等意义的挖掘和发展，决定着非物质经济资源的生产、传播及应用的能力和效率。工业经济时代下经济发展从萧条、复苏、繁荣到衰退的周期性将被打破，非物质经济使经济持续发展成为可能。

非物质生产部门的经济宏观管理，同物质生产部门经济宏观管理一样，都是整个国民经济宏观调控与决策的重要组成部分。要加强国民经济宏观调控与决策，就必须迅速建立非物质生产部门的经济核算体系，加强对非物质生产部门的经济核算，为宏观调控与决策提供切实可靠的依据。包括中国在内的许多发展中国家的国民经济核算，只重视物质产品核算，忽视劳务核算；只重视物质生产部门劳动价值量的核算，而缺失非物质生产部门劳动价值量的核算，从而也缺乏国民经济劳动总量的核算，大大缩小了国民经济宏观调控的范围，这显然是不利于整个国民经济的全面管理。

（四）产业定位与商业机会

一个良好的科学创新和认证体系是一个国家宝贵的财富。社会对各种产品的需求纷繁复杂，一种新产品或新技术可不可以创造价值，要从各个角度认证。专利发明人是社会的精英和财富，他们的创造力直接决定一个国家在新技术方面的开发能力，也决定了一个国家的产品在世界市场的获利能力。以日本、德国为例，第二次世界大战后可以说是一片废墟，有日本人宁愿留在中国的东北，也不愿回国挨饿。但后来日本、德国的经济迅速恢复，成为世界重要经济强国。虽然原因有很多，但与战前德、日就有先进的科学创新和认证体系不无关系。

以色列人也具有相似特点，这个一没资源、一没友邻帮助的国家在短时间内成为科技和经济强国。而拉美或其他一些国家实行的是与经济规律相反的政策，对在试验、推广阶段的产品加以重税，认为那是奢侈品。这些国家的新型产品行业扎不了根，实用阶段的产业没有积累，严重影响了科技与创新产业的发展。

经济增长方式的转变既是一个复杂的系统工程，也是一个长期渐进的动态演变发展过程。经济增长因素的多元性，决定了经济增长方式转变的复杂性、艰巨性和长期性。实现经济增长方式的转变，除了提高能源、资金、设备等物质生产要素利用率以及节约物质资源之外，注重开掘促进经济增长的非物质经济资源，注重知识、信息、技术，推进非物质要素生产率增长是经济可持续发展的关键因素。物质经济和非物质经济理论是相通和互为促进的，就看怎样更好地理解和把握它。

四、本章小结

本章主要论述了非物质经济理论与传统经济理论的相通和促进。旨在阐释非物质经济和物质经济在发展中的互通、互融和促进。更好的理解和把握非物质经济的发展内容。

第6章 非物质经济理论对物质经济发展的重要性

真正的理论在世界上只有一种，就是从客观实际抽出来又在客观实际中得到了证明的理论。

——毛泽东

非物质经济问题是人类步入高度信息化社会进程中所遇到的一个关于精神生产劳动和信息劳动的根本性大问题[①]。对非物质经济的理论研究不仅是为了探求非物质经济运行的内在规律，更是当今世界经济和社会发展新阶段的要求。笔者认为，目前世界主流的经济学家讨论的主题大多仍停留在物质经济的生产和消费方面，而本书的贡献之一就在于将物质经济和非物质经济分开，将非物质经济作为世界经济未来的发展方向进行专门论述。本章将从理论角度阐释非物质经济理论对物质经济发展的重要性。

一、物质经济发展与非物质经济发展相辅相成

不同社会有不同的文明构成方式。不同社会的文明构成方式是以不同的社会生产力发展形式来表现的，并且通过具体的、占主导地位的生产力实现形式来体现。文明方式构成的特殊性和差别性，是一种文明区别于另

---

① 时文生、霍忠文："非物质经济理论研讨会综述"，《情报理论与实践》，1997年第4期，第25页。

一种文明形态的尺度。它是以一定的社会生产力发展水平为指标体系的。生产力构成和规定了文明方式构成的历史性①。

马克思在论及精神生产与物质生产之间的关系时指出:"首先必须把这种物质生产本身不是当作一般范畴来考察,而是从一定的历史的形式来考察。例如,与资本主义生产方式相对应的精神生产,就和与中世纪生产方式相适应的精神生产不同。如果物质生产本身不从它的特殊的历史的形式来看,那就不可能理解与这相适应的精神生产的特征以及这两种生产的相互作用。"②

如果将非物质经济的生产和物质经济的生产放在农耕社会、工业社会和信息社会中作一个对比,我们就能更加清楚地看出二者之间关系的发展脉络,即物质经济的发展是非物质经济发展的基础,在物质经济发展到一定程度之后,非物质经济的发展将成为制约或者促进物质经济发展的重要因素。

在农耕社会,虽然也有人类的精神生产和消费活动,如早期的手工业中的工艺美术品业、娱乐业、书籍印刷业等,但所有这些行业及其从业人员都是依附于整个农业经济之中,并未形成独立的产业业态,并且在整个国家的国民经济产值中所占比例也很低,未能成为国民财富积累的重要形式。因此,农耕社会的非物质经济还不是一种生产力形态,也不能构成对社会进步的巨大影响。

在工业社会,机器的发明和生产工具的革命性变化,在提供社会生产力的同时,也使得单一的农耕文明发展成为多元的以工业文明为主导的城市文化和农村文化、以城市文化发展为主导的人类文明发展的新动力结构。这种动力结构诞生的革命性意义就在于它为人类社会的发展开辟了一条符合人的自身文明提升所需要的发展道路,使人类精神的和物质的把握

---

① 胡惠林:"构建和谐世界与中国文化产业发展战略",《社会科学》,2008年第6期,第166~192页。

② 中共中央马克思恩格斯列宁斯大林著作编译局:《马克思恩格斯全集:第26卷,第一册》,第296页,人民出版社2008年版。

非物质经济概论

世界的能力和领域实现了质的转变和扩大。

在如今的信息社会,信息文明已经基本消除了农业文明和工业文明的生产力界限。信息文明的所有成果都能够被广泛地运用于农业和工业,从而在生产力的存在方式上,也就是文明方式的构成上超越了以上两种文明形态二元对立的局限。

自从美国在20世纪90年代开始实施"信息高速公路"的国家战略,并以此全面推行社会存在方式的功能型结构转型后,开展信息革命和数字化生存,全面推进信息技术在整个国家和社会发展与进步中的主导型作用,便成为全球发展的主要趋势。数字技术广泛运用于人类社会的各个领域,正在深刻地改变着人类社会的存在方式。网络世界的崛起代替了传统的信息载体,虚拟存在已经成为人们的社会存在的一种重要的生活方式[1]。

由此可见,在农耕社会,由于物质经济不够发达、根基不够牢靠,因此非物质经济的发展也受到限制;到了工业社会,物质经济能够为非物质经济的发展提供坚实的基础后,非物质经济就蓬勃发展起来;再到如今的信息社会,非物质经济的发展已成为发达国家的支柱性产业,反而进一步促进和带动了物质经济的再发展。

二、非物质经济的发展有赖于非物质经济理论的进步

随着社会经济的飞速发展,人们在物质生活得到不断满足的同时,对精神文化领域的需求也愈发迫切起来,与此同时,从属于非物质经济领域内的生产和消费,也日益成为推动社会经济增长的新生亮点。

作为非物质经济理论的重要实践产物之一,文化产业在全球经济发展中的地位越来越重要,世界主要发达国家的文化产业占GDP的比重大多达到了10%以上或更多。各国都已充分认识到文化在国家发展战略中的重要

---

[1] 胡惠林:"构建和谐世界与中国文化产业发展战略",《社会科学》,2008年第6期,第166~192页。

地位,它不仅是推动国家和地区经济发展的新生动力,更是民族凝聚力和创造力的重要源泉,是综合国力竞争的重要因素,是经济社会发展的重要支撑。因此,大力推动文化产业的发展已成为全球共识。

产业的迅速发展,必然带来对相关理论和人才的巨大需求。作为知识含量高、附加值大的新兴产业,文化产业对于相关理论和专业人才的依赖性更为明显①。

根据理查德·弗洛里达在《创意阶层的兴起》一书中的计算,美国创意阶层人数为3830万人左右,约占美国劳动力总量的30%,这一比例相比20世纪初期增长了10%;韩国自2000年起开始大力培养文化产业复合型人才,韩国文振兴院建立了专门的文化产业人才库和"文化产业人才培养委员会"、"教育机构认证委员会",确定人才培养计划和对文化教育机构实行认证,在大学中开设文化产业相关专业80余种。

相对而言,虽然近年来中国文化产业的发展取得了令人瞩目的成绩,但在理论研究和人才建设方面仍存在较大差距。文化产业科学作为非物质经济可持续发展的现代理论基础,对国家文化战略发挥着巨大的驱动力。

上海交通大学国家文化产业创新与发展研究课题组认为,探讨中国文化产业发展对全球文化环境系统的影响,尤其是关于中国软实力的上升所形成的"中国威胁论",是当前文化研究的重要议题。不仅宏观文化产业的环境研究必须面向全球,关于文化资源和文化能源研究也应该建立起全球的视野。面临着文化产业"全球战略"和建立"全球供应体系"的挑战,原有的关于文化产业发展的战略取向仅仅局限在"走出去"是远远不够的。文化产业系统是一个全球系统,关于它的基础研究必须着眼于整个文化产业的运动。

因此,文化产业不仅在实践上要"走出去",在理论科学上也要走出去,直接参与国际学术竞争,同时通过国内的辐射效应,推动整个产业科

---

① 闫玉刚:"对文化产业人才培养与课程设置的几点思考",《山东教育学院学报》,2009年第5期,第47~49页。

非物质经济概论

学扩大眼界；在国内研究中有全球意识，在参与国际合作和国际竞争中也要有自己的本国目标；每个国家要进入并建立起自己文化产业科学研究的核心圈，而不只是追随国外的发展走向，就必须分析本国特有的文化生态条件和历史文化传统，根据实际的研究能力和科学积累，选择有突破前景的重大理论与实践课题，建立既有本国特色又与国际学术界保持良好的对话机制的长期性的大型研究计划。在基础理论和实际应用两个方面取得突破性成果。推进文化产业科学和整个人文社会科学的结合研究，扩展文化产业科学的研究范围，组织哲学、文学、政治学、经济学、社会学和管理学等各个方面的力量，参加文化产业前沿问题研究，为国家构建和谐社会、和谐文化以及建设和谐世界提供理论依据。

中国是一个后发的正处于现代化进程中的国家，既要应对全球化挑战，发展文化产业；又要解决体制性障碍，从原先的计划经济转向全面的社会主义市场经济机体制，这其中的挑战不言而喻。文化体制改革需要理论支持，文化政策出台需要理论基础，但是中国的理论界却对此总体上反应冷淡，重视不够。本应是主角的经济学家们由于研究文化产业机会成本过高而无暇顾及，文化学家则局限于文本研究的学科传统而难以进行规范的产业分析，传媒学者对于文化产业的核心领域比较专业，但仍然有视野狭窄的问题。于是，对于文化产业理论研究需求的急剧增加造成了一定程度的"泡沫化"现象。大量的"文化产业论坛"徒有虚名，成为政府部门的"造势"与"做秀"的舞台；雨后春笋般出现的文化产业研究机构也几乎成为理论界的"跑马圈地"之举；无数"专著"和"论文"篇幅的浩大与内容的贫乏恰成对照[①]。随着文化体制改革试点结束，中国文化产业发展的体制环境趋于稳定，文化产业开始了一个更为常规化的发展时期，这就对非物质经济的理论研究提出了更高的要求。

---

① 张晓明：文化产业发展急需理论支持，人民网，http://theory.people.com.cn/GB/49157/49165/5224331.html。

三、非物质经济的理论发展有赖于国家相关体制的保障

制度安排决定产业发展，要大力发展非物质经济，就必须将其首先作为制度性存在。体制改革的一个重要目的，就是要建立现代非物质经济建设需要的相关产业制度，从而克服非物质商品和服务提供不足的战略性短缺，满足人们多样化的消费需求。

纵观世界各大强国，无不是首先在制度上保障并支持非物质经济的发展，该国的相关产业才有了飞速进步。以英国的"创意产业"为例，该产业强调创意在整个国民经济发展中的重要地位[①]。目前，英国创意产业年平均产值接近600亿美元，占国民生产总值的8%左右，超过任何一种传统制造业创造的产值。创意产业也是英国容纳就业的第一大产业，1997—2006年，创意人群从156.9万人上升至190.6万人，平均年增长2%；2007年进一步增至197.8万人，增长率达4%；2010年下半年，创意人群总数接近230万，已与金融业规模相当。从企业规模来看，英国创意产业中绝大多数是中小型企业。2009年创意产业中规模在1～10人的企业占94%，规模在11～49人的企业占4%，规模在200人以上的只占1%。中小型企业是创意产业发展的生力军。

英国创意产业管理体制分为中央政府的纵向管理与地方政府和非政府部门的横向管理。国家文化、媒体和体育部是创意产业管理的核心部门，非政府公共文化机构和地方行政部门也承担重要的管理职能。与英国政治体制相契合，政府在创意产业管理上秉承保持距离、适当分权、专宽兼备的基本原则，通过制定各类规划和法律，对创意产业加以规划和引导。

英国政府创意产业管理的突出特点是按照"大文化"概念，改革政府文化管理机构，合并管理职能，扩大管理范围。梅杰首相1992年上台之后，就将原先分散隶属于艺术和图书馆部、环境部、贸工部、就业部、内

---

① 熊澄宇："英国创意产业发展的启示"，《求是》，2012年第7期。

政部、科教部等6个部门的文化职责集于一部,成立国家文化遗产部,统一管理全国的文化艺术、文化遗产、新闻广播、电视电影、图书出版、园林古迹、体育和旅游等事业,并将文化大臣升格为内阁核心成员。布莱尔政府于1997年将此部更名为文化、媒体和体育部,使该部成为英国创意产业最重要的政府管理部门。

2008年,"文化、媒体和体育部"、"商业、企业和管理改革部"以及"创新、大学和技能部"共同颁布《创意英国》报告,涉及教育、技能、创新和知识产权等多个方面,广泛论述了政府在推动创意经济发展中的角色。卡梅伦联合政府上台后,成立了创意产业委员会,委员会由来自不同领域的企业家、投资者、专家学者等组成,针对产业发展中的具体问题提供更为专业的指导与咨询,委员会于2011年7月中旬召开了第一次会议。

为了在不增加政府负担的情况下加大对文化事业的投入,英国政府于1994年开办国家彩票,其总收入的28%用于资助诸多文化创意项目。这部分资金和其他相关税收、金融优惠政策一起共同支持创意产业的发展,使一批重大创意产业项目有了强大的资金支持;进入21世纪以来,每年能为创意产业提供约相当于13亿元人民币的资金,甚至超过了国家投入。

英国创意产业管理体制上的特点,主要体现在管理理念、政策制定、人才培养、资本筹集等方面。政策支持注重发挥个体的主动性。英国政府不办产业、只管产业,通过不直接参与、靠政策推动的方式促进创意产业发展。其资本构成方式主要是"三三制":1/3的投入来自政府;1/3来自社会资金,如彩票和其他社会捐助;另外1/3来自组织自身的商业活动,如门票、场地租用费等。"三三制"充分调动个体的积极性,既提供发展空间与条件,又留有压力和风险。这种政策引导方式,要求个体必须积极主动地寻找机遇、挖掘资源、开拓市场,从而将政策和资本的效率发挥到极致。

尽管受国际金融危机影响,英国政府被迫减少对创意产业的资金支持,多家创意产业公共机构正在面临被合并或关闭的残酷现实。从目前来看,英国政府为了解决国债问题,减少了对艺术、博物馆等公共部门的资金资助。但是由于政策鼓励创意产业发展，创意产业基金比以往有较大增长，创意产业在经济总体中的比重也在稳步增加。在这一背景下，创意产业对市场的利用进一步加强。未来可能出现的情况是，创意产业可以借此机会摆脱对政府的依赖，运用产业自身的力量发展壮大，在产业内部生成新的活力。

英国政府重视政策对创意产业的引导作用，成功地将英国发展成创意产业大国。笔者认为，英国创意产业政策的制定原则和方式，对各国发展非物质经济具有重大的启示与借鉴价值。

四、非物质经济理论可以解决物质经济发展中的问题

（一）生态环保问题

当前，由于人类无节制地追求高物质消费的生活方式，地球生态圈已被破坏得千疮百孔：森林加速消失、土地荒漠化和水土流失日趋严重、地球持续变暖、自然灾害频发，最终导致人类乃至地球万物的生存空间和生存条件日趋恶化，严重威胁着地球生态圈的可持续发展。

惨痛的现实已经让人类认识到：以消耗和占有资源、破坏和污染生态环境为基础的提高人类生活水平的物质化发展道路，已经完成了其历史使命，继续走下去将是一条不可持续发展的不归路。同时我们也认识到，为了实现社会经济可持续发展，人类必须调整、约束自己的行为，实现与万物和大自然和谐相处；实现与邻居（包括本国和邻国）和谐相处；为子孙后代留下绿水青山，留下属于他们的、并足以让他们赖以生存并不断发展的物质资源。为此，从现在起，我们就必须改变当前社会经济发展唯物质为基础的发展模式，而遵从以满足人类的基本物质需求为基础、大力发展和提高社会保障、精神、文化享受为导向的非物质化的社会经济发展模式。人类发展的现实已经从反面证明，今后的社会经济发展也必将证明：

非物质经济概论

社会经济发展的非物质化之路是实现人类社会可持续发展的终极目标[①]。

清华大学教授卢风认为，在追求可持续发展已经成为一种共识的今天，发展非物质经济将是一条必由之路。

谋求发展是中华民族乃至世界各国几十年不会改变的主题，邓小平一句"发展就是硬道理"的名言，指挥着改革开放的中国不断追求经济增长三十余年。但近三十年来这种依靠大量生产、大量消费、大量废弃的线性发展模式早已出现弊端。

2011年10月15日，中央电视台《新闻调查》节目播出了一则名为《苹果的另一面》的报道，苹果公司的在华供应商被曝排污不达标，造成了环境污染的严重后果。[②]其实类似的报道并不罕见，近几年来，国际知名品牌的在华的工厂似乎都难逃压榨工人、污染环境的恶名，相关报道频频曝出，国人看过相关报道之后只能是既愤慨又无奈。

作为世界工厂的中国正在经历自身的转型之痛，大规模生产企业环境问题的出现与中国在国际经济结构中的地位息息相关。如今的中国正在经历一个高速的工业化过程，在今天的经济全球化的过程中间，中国为了在短时期内解决就业问题和经济增长问题所作出的成为世界工厂的决定，不仅消耗了巨大的资源，同时也将污泥浊水留在了自己的土地上，这个过程必然难以持续。

"可持续发展"中的"可持续"只是一个修饰语，"发展"才是重心所在。卢风认为，发展首先涵盖经济增长，然而发展又不仅仅包括经济增长，还包括科技进步、人权状况的改善、教育的普及、社会保障系统的完善和医疗水平的提高等。

中国目前的经济增长主要来源于物质经济的增长，因为现阶段的经济增长仅仅意味着物质财富的增长，其他非物质经济的增长表现得还很不明

---

① 陈佐："可持续发展面临的物质化压力——再议非物质化是人类社会经济发展的必然趋势"，《铁道劳动安全卫生与环保》，2007年第34期，第256~263页。
② CCTV新闻调查："苹果公司中国代工厂被指排污污染环境"，新浪网，http://news.sina.com.cn/green/news/roll/2011-10-17/163823316739.shtml。

显。汽车在增加，楼房在涨价，公路在增多，这些都是经济增长的明显标志。但伴随着这种粗放式的经济增长而到来的，是环境的破坏和人类健康水平的下滑。这种增长必然是有限度的，在达到一定程度后，继续发展将导致生态系统的彻底崩溃。发达国家已经走过的血路早已给中国的发展模式敲响了警钟。

生态经济学的创始人戴利认为，发展不等于增长，增长只是物理性的增长，而发展是质量上的改进。卢风教授则进一步指出，在"经济增长"和"物质财富增长"之间更应该作出区分。

未来的经济增长模式可以是经济在继续增长，但物质财富的量不再增加，即经济系统与生态系统交换中的物质流量不再增加。如此一来，"发展"仍然蕴含着"经济增长"，但该"经济增长"可以通过以下两种方式实现：

其一，物质经济通过绿色科技、生态科技来支持稳态的生态经济。此时，物质生产是一种循环经济、生态经济，已经达到稳态，物质财富的量不再增长，但物质财富的质在提高，有序的流动是健康的、不破坏环境的。

其二，重点发展非物质经济。对比物质经济和非物质经济，卢风教授有一个形象的比喻：前者是用一个苹果换一个梨，交换的结果是一人有一个苹果，一人有一个梨；后者是用一个想法换一个想法，交换的结果是每人都有两个想法。

非物质经济并非是不需要物质的经济，以读书这样一种精神活动为例，如果没有纸张、电脑等物质载体，该过程就无法实现。因此非物质经济是一种注重精神追求，降低对物质的需要和依赖，生产和消费精神价值的经济。如果沿用"经济"这一概念，就仍需要通过货币计量生产的成果，通过货币鼓励人们发明创造，用货币单位统计最终产品和最终消费的数量。既然生产和消费非物质"财富"仍然是经济活动，就势必不能回避如何对待市场的问题。

中国近三十多年的伟大成就得益于物质经济的蓬勃发展，其中最核心

非物质经济概论

的理念即"资本的逻辑",这一点在"效率优先,兼顾公平"、"先富带后富"的政策导向中就反映得非常明显了,即政策法律的制定都是在正面或侧面保证了经济的增长。再加上中国对于污染企业的惩罚既不严苛也不到位,相关法律既不完善又缺乏可操作性,非常容易造成富人享有经济成果,穷人承担污染后果的尴尬局面。随着经济蛋糕越做越大,并非所有人都分享到了发展的成果。正是有这种物质经济发展模式,导致了经济成果的享有者和环境代价的承担者的分离,使得生态破坏问题日益加剧,人民群众的生命健康受到巨大威胁。

但是,为解决上述问题,废除"资本的逻辑"却并不可行。完全漠视市场在资源配置方面的重要作用不是出路,只有通过不断的制度创新,才能让个人及企业在追求私利的同时有动力去实现公共目标。

有一个经典的例子虽不能完全说明问题,但却能不断发人深省。这涉及英国向澳大利亚运送囚犯的历史。起初,报酬是在英国按人头付给船老板的,船老板得了钱,在路上就不管囚犯的死活。为了解决这一问题,英国当局把在英国登船时按人头付费改为到澳大利亚下船时按人头付费。复杂的问题顿时通过简单的制度转换奇妙地得以解决,利用商人的逐利天性英国政府还省去了一大笔监督费用。这种将成本内部化的方式对于中国政府在促进绿色经济发展、约束企业破坏环境等不法行为方面有着重要启示作用。

为实现文明的根本转型,由工业文明走向生态文明,我们必须实现经济转型和科技转向。前者包括两个方面:

其一是经济绿化和生态化,变线性经济为循环经济。市场在物质经济领域始终要发挥配置资源的重要作用。但物质财富的增长必然是有极限的,我们不可能无止境地修建公路、铁路,不可能无止境地增建和扩大城市。

其二是大力发展非物质经济。物质经济达到稳态后,要想继续增长,就必须发展非物质经济。非物质经济主要涵盖了所有物质经济以外的各行各业,如文化、信息、传媒、金融、旅游、服务、科技、创意、娱乐、品牌、符号、软实力等。非物质经济发展既增加了 GDP，又保护了生态环境。发展非物质经济必须要有生态思想的指导，否则，非物质经济也可以破坏环境。例如，拍一部影片就毁掉一大片树林，拍下一幅自然美景却毁掉了一片自然美景，那就践踏了非物质经济。

发展非物质经济还能在许多其他方面造福人类，以英国为例，他们的创意产业就非常注重将解决现实问题与发挥地方优势结合起来，如英国伦敦 SOHO 和曼彻斯特的创意产业，就是衰落工业区和文化艺术结合的成功产物。这种做法，一方面打破了经济衰落的局面，另一方面也让自身的文化创意优势得到了很好的发挥和利用。

(二) 劳动力解放

通讯技术和计算机的广泛使用，第三产业的快速发展，使得非物质劳动取代了工业劳动的霸权，人类进入了知识经济、信息经济即"非物质经济"的新时代①。

时至今日，非物质经济的生产在资本主义的生产方式和社会主义的构成结构中占据了核心位置，且这种核心性仍在与日俱增。但是，这"并不是说当今世界的绝大多数工人主要生产的是非物质产品。相反，农业劳动许多世纪以来一直都在数量上居主导地位，而全球的工业劳动在数量上也没有降低。非物质劳动只占全球劳动的一小部分，而且集中在地球上的支配性地区。我们的观点是非物质就质的方面而言已成为霸权，并且决定了其他的劳动方式和社会本身发展的趋势"②。

正如工业劳动取代农业劳动对整个社会生活带来巨大的变化一样，非物质劳动取代工业劳动的霸权也带来了重大的变革，在解放劳动力方面产生了深刻的影响。

第一，非物质劳动改变了工作的条件，使工作时间和闲暇时间、工厂

---

① 陈志刚："物质经济与社会变革"，《马克思主义研究》，2007 年第 6 期，第 49~57 页。
② 安东尼奥·内格里、迈克·哈特，杨国荣、张旭东译："帝国与大众"，《书城》，2004 年第 7 期，第 35~40 页。

非物质经济概论

和家庭之间的区分越来越不明显。

在工业范式中，生产几乎完全是在工厂里进行的。而"在通往信息经济的道路上，流水线已被作为生产组织模式的网络所代替，在每一个生产地点和众多生产地点之中改造了合作和通讯的方式。"非物质劳动以信息技术为依托，所追求的是一种创意、信息、情感、文化，这就使得它可以突破时间与空间的限制，打破国家与地区之间的限制，生产变得全球化、非中心化。

第二，非物质劳动改变了雇佣关系的稳定、固定、长期的特点，而处于灵活的、流动的、不稳定的状态。

信息、知识的灵活性、多变性决定了雇佣关系也是灵活多变的。"这种新的劳动关系是灵活的，因为工人必须适应不同的工作；它是流动的，因为工人必须常常在不同的工作之间移动；它是不稳定的，因为没有合同保障稳定、长期的工作。"生产的信息化与非物质生产增长的重要性已将资本从地域与交易的束缚中摆脱出来，增加全球劳动力之间的竞争，劳动力的地位被削弱。

第三，非物质劳动促进了主体性、自主性、协作、平等、民主观念的发展。

非物质劳动不是简单的指令性的、强制性的劳动，它强调劳动者积极性的发挥，强调信息的沟通与主体的合作，而且非物质劳动的合作并非由外界强加，相反，合作完全内在于劳动行为自身。非物质劳动与泰勒制模式截然不同，它不断地创造和修改了沟通的条件和模式，沟通成了生产与消费的中介。这就使得不再可能将主体性限制在执行任务的范围里，这就要求工人在劳动中必须成为"能动的主体"，工人必须将在管理、沟通和创造领域中的主体能力与"为生产而生产"的条件协调一致，必须根据不断变化的环境（无论是市场信息还是与客户的互动）发挥自己的创造力或主体性，提供个性化的服务，进行革新和创造。正因为如此，西方社会提出了我们都要"成为主体"的崭新口号。而且，网络技术的推动及其去中心化的特点更是促进了主体的平等、民主。在网络面前，没有等级之分，没有中心与边缘之分，所有人都可以自由、民主、平等地发表意见。

第四，非物质劳动的发展推崇的差异性、多样性、多变性要求所有人都变成"多面手"，推进了大众智力的普遍发展。

信息化生产和非物质劳动的出现有一个后果，即劳动过程真正的均质化。计算机化的生产使具体劳动的异质性趋于减少，计算机将其自身推为万能工具、核心工具，使劳动日益变成抽象劳动，并要求劳动者具备多方面的知识和能力。另外，人的需要的多样性、差异性也决定了生产者必须有比较高的综合素质，尽可能地发挥潜能，多一些变革和创新。特别是信息技术和知识的日新月异，要求人们只有具备多种适应能力，能够迅速地从一种职业转到另一种职业，能够不断更新知识，才能取得更大的成功。

第五，非物质劳动的产品是人们智力、文化、感情的凝聚，使文化和经济趋于一体化。

一方面，文化融入经济之中，文化、意识直接地变成了产品，如娱乐业、出版业、媒体影视等，出现了所谓的文化产业。另一方面，经济融入文化之中，商品生产包含着诸多文化意蕴，吸引消费者的不仅是产品的使用价值，而且是产品的形象、品牌和美感。从某种意义上可以说，我们的社会是一个形象社会，一个以审美方式消费的社会。

综上所述，以信息技术为基础的非物质劳动取代15世纪以来的以物质劳动为基础的现代性生产方式，对整个劳动力的解放将产生巨大的影响。资本穿透了文化与经济、国家与地区、内与外、工作与闲暇之间的界限，既促进了主体性和个性发展，也带来了资本的全面极权，使我们由"规训社会"进入"控制社会"。非物质劳动不但生产了商品，而且生产了一种资本关系。非物质劳动在当今世界的霸权地位充分表明，不仅物质劳动可以创造价值，非物质劳动也可以创造价值，而且能创造更高的价值。非物质劳动发展修正了马克思的劳动价值论。"非物质劳动同时生产主体性和经济价值这一事实，向我们展示出资本主义的生产是如何侵入我们的生活的，并如何摧毁了一切在经济、权力和知识中的反对因素。"

非物质劳动取代工业劳动这一历史趋势，不仅对社会生活产生深刻的变革，而且带来新一轮的产业革命。信息产业和服务产业作为新兴的产业而成了主导产业，并对原来的第一产业和第二产业进行渗透、革新，以至现代化就不再是经济发展和竞争的关键，产业的发展不再严格地按照先前经历过的循序渐进的技术发展阶段，有可能超越现代化阶段，直接进入信息化阶段。这就是信息经济的方兴未艾为工业化阶段落后的国家带来的前所未有的发展机遇：它们没有必要经过一个完整的工业化阶段，可以直接发展信息经济，并以信息经济来推动产业的全面革新，从而有可能缩短与发达国家之间的差距。如吉登斯所说，"新技术的发展为我们提供了机会，使我们能跳过工业发展的某些阶段，这些阶段在过去是新兴国家所必经的。"

以正在衰退的中国东部经济为例，笔者认为造成这一现象的原因就在于大多数厂家不能跳出物质经济生产的小圈子，将眼光投向于更加广阔的非物质经济市场；与此同时掌握一定经济资源的消费者在满足了部分物质需求以后，其非物质经济需求得不到满足，供给和需求出现了较大偏差——这正是非物质经济理论的匮乏和非物质经济发展不成熟的表现。

五、本章小结

本章主要从四个方面探讨了非物质经济理论对物质经济发展的重要性，物质经济发展与非物质经济发展相辅相成；非物质经济的发展有赖于非物质经济理论的进步；认清非物质经济是物质经济向前全面发展的有力推手。物质经济的理论发展有赖于国家相关体制的保障以及非物质经济理论的正确引导，完善先进的非物质经济理论可以解决物质经济发展中的诸多问题，如生态环保问题、劳动力解放等。在下一章中，本书还将对此作深入挖掘，探讨非物质经济理论研究的现实性和迫切性。

第7章 非物质经济理论研究的现实性、迫切性

并不是每个人都需要种植自己的粮食,也不是每个人都需要做自己穿的衣服,我们说着别人发明的语言,使用别人发明的数学……我们一直在使用别人的成果。使用人类的已有经验和知识来进行发明创造是一件很了不起的事情。带着责任感生活,尝试为这个世界带来点有意义的事情,为更高尚的事情做点贡献。这样你会发现生活更加有意义,生命不再枯燥。需要我们去做的事情很多。告诉其他人你的计划,不要鼓吹,也不要自以为是,更不能盲目狂热,那样只会把人们吓跑,当然,你也不要害怕成为榜样,要抓住出头的机会让人们知道你的所作所为。

——史蒂夫·乔布斯

这是乔布斯留给世界的名言之一,这段话用非常直白的语言揭示了当今社会的现状,并且提出了生活在这个时代的我们应该做些什么。这也是今天我们进行非物质经济理论研究的出发点。

人类经历了漫长的发展,才到达今天这个地步:我们早已不需要自己动手种植粮食、制作衣服、搭建房屋……这就是我们今天生活在每个人都在使用别人的劳动成果的时代;这同时也是一个物质生活高度发达的时代。如今世界上大部分人已经不需要为了生存和基本的生活而担忧,经济上量的发展已经积累到了一定程度,我们需要追求质的发展;单纯的物质上的富足和物质追求已经不再能够满足人们的需要,精神层次上的满足成为人们的更高追求。非物质经济正是物质经济质的发展,是解决人们"望

非物质经济概论

闻思乐美"和提高物质经济价值的高层次经济活动,发展非物质经济是必然选择,研究非物质经济理论则是发展非物质经济的内在要求。

另外,在我们享用着其他人的劳动成果和已有的经验和知识的同时,我们也该"带着责任感生活,尝试为这个世界带来点有意义的事情,为更高尚的事情做点贡献"。研究非物质经济理论就是这样有意义的事,是在已有经验和知识基础上的创新,为他人所用,为社会所用,更好地指导和发展非物质经济,同时也促进物质经济的进一步发展。

一、非物质经济理论研究的现实性

所谓"现实性"是指包含内在根据的、合乎必然性的存在,是客观事物和现象种种联系的综合[①]。因而,发展非物质经济理论的现实性问题和当今非物质经济发展的现状存在着内在联系。本章前面已经解释了非物质经济告诉我们发展是当今世界的现实,但可能会有人要问:为什么发展非物质经济必然要发展非物质经济理论?而这又要归到哲学层面。

笔者在第四章中已经提及,凡事都需要有指导和方向,哲学基础固然是非物质经济理论和非物质经济实践的大方向和目标,而在具体的非物质经济实践活动中要怎么做,怎么才能获得最大效益,则需要更加具体的方向和指导,这些具体的指导思想和想法就是非物质经济理论。也就是说发展非物质经济必须要发展非物质经济理论,非物质经济理论研究是发展非物质经济的内在要求。

笔者认为,当前经济发展都是依靠物质经济的理论来指导的,但现在非物质经济已经占据了重要地位且地位在不断上升,物质经济理论要应对非物质经济发展的问题,显然是不合适的,会让所有的经济活动参与者陷入茫然,因此我们迫切需要建立和完善非物质经济理论。

简而言之,非物质经济理论发展的现实性是由经济发展情况,尤其是

---

① 卫兴华、赵家祥著:《马克思主义基本原理概论》,北京大学出版社 2008 年版,第 74 页。

非物质经济发展现状决定的。可以说在世界范围内,"非物质经济时代"已经来临,它影响到每一个国家,所有国家、所有人必须为此做好准备。

(一) 发达国家

本书第三章已经描述了很多非物质经济在发达国家的发展历程和现状,在此不再赘述。结合历史不难看出非物质经济的发展对发达国家具有重大意义,"推动了资本在全球的迅速扩张和吸纳,使主要资本主义国家呈现了奇迹般的富有,引起了社会生活的重大变革"①。

随着非物质要素的发展,如今的信息社会、经济发展模式也随着人类社会的各种变化而变化。我们在传统上所习惯的一切似乎都已经发生改变,随着科学技术的发展进步,计算机技术、信息技术、空间技术以及在此基础上进一步发展起来新的文化艺术,极大地改变了人们原有的生活方式。纯粹的物质经济已经远远不能满足人们的生活需要,而非物质经济的强大力量给我们原有的生产、生活注入了新的元素。

中国有句古话:"仓廪实而知礼节,衣食足而知荣辱"。无可否认,物质生活相对于精神生活、非物质追求具有先导性和基础性,没有物质生活的满足,人们根本没有精力追求非物质生活,正所谓"饭饱生余事"。因而从原始社会以来,到今天为止的经济基本上是物质经济占据主要地位,工业经济是其高级形态。

然而随着科技和知识的发展,如今物质经济已经发展到了极其繁荣的地步,所谓"物极必反",对物质资源高消耗、对生存环境高污染的物质经济的效益已经递减,整个世界的经济结构都在进一步调整,非物质经济比重不断上升,这在发达国家尤其明显。特别是通讯技术和计算机的广泛使用,第三产业的快速发展,使得非物质劳动取代了工业劳动的霸权,人类进入了知识经济、信息经济,或者说"非物质经济"的新时代。可以说,非物质经济正在改变资本主义的生产和生活方式以及观念,使资本主

---

① 陈志刚:"非物质经济与社会变革",《马克思主义研究》,2007年第6期,第49~57页。

非物质经济概论

义和社会主义逐步走向融合,可能或将出现新的社会形态。

我们可以看到目前世界上比较发达的国家非物质经济的比重都已经远远超过物质经济的比重,成为经济的支柱。以美国为例,美国自第二次工业革命以来就已经成为世界第一经济体,在工业经济时代取得了巨大的成就,直到"第二次世界大战以后,美国的支柱工业为钢铁、能源,后来又以汽车制造业和建筑业为龙头。但克林顿政府执政以来,对美国的产业结构进行了调整,有意识地让一些传统的制造业萎缩,集中力量发展信息产业。现在信息产业已成为美国最大的产业,1993年以来美国工业增长约有一半是靠信息产业带动的"①,美国目前只有不到10%的人在从事制造业生产。另外美国还十分重视科学创新和文化产业,这也在美国的经济增长中占有极大比重(参见第三章案例)。简而言之,自20世纪70年代,尤其是90年代以来,非物质经济在美国得到了高度重视和高速发展,世界其他发达国家也大体如此。根据笔者的计算,目前这些国家非物质经济的比重大概都在85%以上,并且仍然有上升的趋势和空间②。

非物质要素在发达国家的整个经济发展和生产中已经占据了核心地位,并且这种地位不断上升;但是,这"并不是说当今世界的绝大多数工人主要生产的是非物质产品。相反,农业劳动许多世纪以来一直都在数量上居主导地位,而全球的工业劳动在数量上也没有降低……我们的观点是非物质就质的方面而言已成为霸权,并且决定了其他的劳动方式和社会本身发展的趋势"。③

但如何来优化经济结构,如何以非物质经济带动物质经济的发展,都是在促进非物质经济蓬勃发展的过程中需要解决的问题。而用现在已有的物质经济的理论来指导和解释这些问题又是不合适的,可见非物质经济理

---

① 林德宏:"从物质经济到知识经济",《江南学院学报》,1999年第14期,第1~6页。
② 笔者认为这个比重将会达到95%左右。人们在物质生活需求得到满足的基础上,会尽可能地去追求非物质经济的发展。
③ 迈克尔·哈特、安东尼奥·奈格里:《帝国主义与后社会主义政治》,见许纪霖著:《帝国、都市与现代性》,江苏人民出版社2006年版。

论研究的现实性。

(二) 发展中国家

发展中国家的情况和发达国家略有不同,如果说发达国家是因为非物质经济已经先行,要求理论跟上脚步,那么发展中国家则是非物质经济发展尚且不够,需要理论来指导其更好地进行产业结构调整,发展非物质经济。

当前虽然不少发展中国家都在努力发展自身的非物质经济,但我们不得不正视一个现实:对于发展中国家来说,随着发达国家的经济转型以及产业转移,世界范围内的非物质经济"和全球化、现代性一样,非物质劳动的变革和后果似乎也充满着矛盾的两面,在增进个人自由的同时,又陷入了新的奴役,对落后国家的发展带来机遇的同时,却也带来更严峻的挑战和被剥削程度的加深"。[①] 发展中国家目前的经济结构明显不够完善,物质经济的比重过大,非物质经济比重远低于发达国家,缺少品牌、缺乏核心技术,因而缺乏核心竞争力。

1. 缺乏核心品牌

以中国为例,中国自实施改革开放政策以来一直是一个制造大国,而不是创造大国,是一个加工大国,而不是一个设计大国。虽然中国的产品销往世界各地,但同样是服装、皮包、鞋袜等,中国生产的产品售价比不上意大利、法国品牌的 1/10 甚至是 1%。即使意大利、法国的很多产品都是在中国生产的,中国获得的利润却只是总利润的零头,而资源的消耗、劳动力的大量投入却都由中国来承担。

图 7-1 是大家都非常熟悉的微笑曲线,很明显中国等发展中国家处于中间的低谷。各行各业都是如此,缺少自己的品牌,因而即使有同样质量的产品,只是差了一个标签,商品就卖不出其他国家的价格,而在生产的过程中,资源越来越少,污染越来越多,回报却远远不足以填补付出,其

---

① 陈志刚:"非物质经济与社会变革",《马克思主义研究》,2007 年第 6 期,第 49~57 页。

非物质经济概论

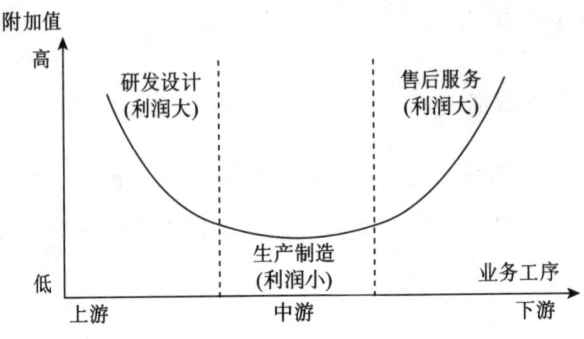

图 7-1 微笑曲线

至还有日益减少的趋势。更有甚者,产生的价值弥补不了牺牲环境的代价。

发展中国家的很多产业都处于产业链的低端,生产一件产品创造的 GDP 不如对方倒手创造的 GDP 的一个零头,比如,中国加工一件 NIKE 的产品,出口价是 20 美元,到了美国,贴上商标,就变成了 120 美元。然而事情并不止于此,NIKE 的产品再销往中国,考虑关税和其他税收,就变成了 140 美元,其中的利润损失不言而喻,中国做代工赚来的钱甚至不够支付自身的消费。也许有很多人会认为这都是老生常谈,服装这样的生活用品,"made in China" 早已不是什么新鲜事,那么苹果的例子会让大家更加深刻地认识到以中国为代表的发展中国家没有品牌导致的"惨状"。

专栏 7-1　　　　苹果在中国的加工企业

无疑苹果对于美国来说是非物质经济的样板,那么为苹果做加工的中国企业发展如何呢?

苹果和众多美国企业一样,在中国有大量的加工企业,根据 2012 年 1 月 15 日苹果公布的全球 156 家主要供应商名单,中国很多企业榜上有名,而且这些企业由于成为苹果的"打工者",很多公司的股价纷纷上涨。

这也许让很多企业欣喜,但这不过是蝇头小利,中国这个"庞大的制造基地的利润率只有不到2%"①，是最没有话语权的一个群体。可以说中国现在已经成为苹果产业链中最大也是最重要的制造基地，从某种程度上来讲，苹果是中国的产业，然而却不是中国的产品。

而从销售方面来看，苹果大量的产品销往中国，受到热捧，中国为苹果贡献了一个巨大的而且拥有增长潜力的市场。"2011年秋季苹果表示中国已成为其增长最快速的市场，年度销售约130亿美元。作为苹果的第二大市场，去年第四财季中国为苹果公司贡献了45亿美元收入，同比增长270%，在苹果总收入中的占比达到16%"②。相比之下，中国在苹果2009财年收入中只有2%的占比，真是少得"可怜"。

再撇开中国获得的微薄利润与苹果在中国的高额获利，苹果还给中国自然环境和社会留下了什么呢？留下的是内地代工厂接连发生的爆炸事故、存在的污染毒害。确实每一部苹果手机的成品都是绿色无污染的，但整个生产过程中，手机某些部件却可能对环境产生巨大的污染。"比如，带铝壳的手机中使用到的铝粉，可能会引发爆炸并产生粉尘污染。2011年发生于苹果代工厂富士康成都工厂和日腾电脑配件（上海）有限公司厂区的爆炸事故犹在眼前。"③

没有品牌，没有设计，发展中国家只能处于产业链的低端，获得零星利润，并且要为因生产造成的资源消耗和环境污染买单。

不少发展中国家和中国一样，都提出要发展自主品牌，也都认识到品牌、设计、创新等非物质因素的重要性，都试图摆脱单纯依赖资源和廉价劳动力获取低额利润的物质经济道路，走上依靠品牌和设计的非物质经济发展道路。从物质经济到非物质经济，以非物质经济来指导和促进物质经

---

① 马燕："中国制造业被苹果'借腹'面临有产业无产品尴尬"，《证券日报》，2012年1月30日。
② 同注释①。
③ 同注释①。

济的发展几乎是所有发展中国家加工企业和行业面临的难题，这都急需非物质经济理论的指导。

2. 缺乏核心技术

在当今时代，发达国家垄断着世界绝大部分的先进科学技术。对技术、知识产权的保护和垄断奠定了发达国家攫取高额垄断利润的基础，使发展中国家在国际竞争中依然处于极为不利的地位。落后国家要获得这些先进的科学技术，无疑是十分困难的，必须付出高昂的代价，然而有时候即使付出了高昂的代价也不能换回想要的技术，中国的汽车业便是如此。

专栏7-2　　　　　　　汽车业

1985年9月，中国上海大众开张营业，标志着中国走上了"市场换技术"之路，之后以上海大众的模式为范本，中国成立了多家汽车合资公司。然而二十多年之后，中国重新回头思考不得不说这条路没有达到预期，甚至差得很远。中国贡献了自己的市场，但并没有换回想要的技术；而且，没有迹象表明，中国有希望能从发达国家学到技术。

有人这么比喻中国汽车的合资行为：有点像猪和鸡合伙开餐馆，猪以自己的肉出资，而鸡以自己的蛋出资。如果哪一天，猪把自己的肉割完了，合作也玩完了①。

截至2004年，中国"以技术换市场"之路已经走了二十年，这二十年中国汽车一直是欧美人的天下，他们长期霸占中国车市大部分份额；而之后随着日本的汽车品牌在完成了欧美的布局之后，腾出手来，开始大规模进攻中国车市，丰田、本田、日产都在中国车市占据了一席之地；甚至20世纪80年代还同中国采用同样方式造车的韩国也有了自己的技术，开始走入中国市场。

---

① "我们只能永远替别人打工——中国汽车工业20年述评"，搜狐网，2012年9月23日。

> 而中国在开放汽车市场试图换取技术的二十多年里做了什么呢？无疑在这二十多年里，中国所能实现的开放为全世界任何一个国家所不可企及，可在贡献了自己的市场之后，中国不仅没有学到别人的核心技术，反而因为没有自己的民族汽车工业，连自己原有的创新能力和技术都丧失殆尽。日本日产公司① CEO 卡洛斯·戈恩（Carlos Ghosn）就说"外国汽车厂商提供的技术在为合资工厂'添加价值'；而与此相对比，当前他们的中国合作伙伴除了提供低成本的劳动力和销售渠道外，对实际经营和管理的贡献几乎为零"②。

其实"以市场换技术"的道路在中国并不是只有汽车行业独走的，很多产业都经过类似的阶段，"扫描中国经济自改革开放以来三十多年的发展路径，我们很容易发现一种'三段式'的运行轨迹：引进技术——消化吸收——自主开发。可问题的要害在于，发展中国家总在做第一段，一次又一次引进，而第三段总是遥不可及。结果是深深陷入了'引进——落后——再引进——再落后'的怪圈"③。

可以说"以市场换技术"完全是黄粱一梦，"据权威机构调查，外国企业在计划进军中国市场的前几年，就有计划有步骤地向中国知识产权管理部门提交相应的专利申请。一旦他们的产品、技术投放市场，这些专利申请正好对相关产品和技术形成有效保护。从思科起诉华为侵犯专利案、美国一电池公司指控南孚等 24 家企业侵权案以及影响至今的 DVD 专利收费案等系列纠纷，无一不在告诉人们，以技术为要素的知识产权已经成为国际贸易竞争的一把利器，中国制造业已进入了一个'多诉之秋'。"④

---

① 1914 年，由田建治郎等人创建的"快进社"，于 1934 年改为日产汽车公司。日产公司生产的轿车品牌很多，有总统、公子、桂冠、地平线、西尔维亚、羚羊、王子、南风、紫罗兰和小太阳等。"NISSAN"是日语"日产"两个字的罗马音形式，是日本产业的简称，其含义是"以人和汽车的明天为目标"。

② "我们只能永远替别人打工——中国汽车工业 20 年述评"，搜狐网 2012 年 9 月 23 日。

③ 闻章："拿来主义：中国企业的短视"，《中国青年报》，2008 年 5 月 4 日。

④ 同注释③。

非物质经济概论

另外，不少企业因为一直走引进技术的道路，已经丧失了自我，丧失了技术研发能力，更不用提创新了，根据中国科技部2009年给出的统计报告，2008年中国大中型企业研究开发经费占产品销售收入的0.84%[①]，高新技术产业的比例为1.18%，其中最高的为航空航天制造业，这一比例达到了4.47%[②]。而根据国际经验，技术研发投入占销售额比例在1%以下的企业是很难长期生存的，比例为2%左右的企业仅可以简单维持，只有比例达到5%的企业才有竞争力[③]。

综观当前发展中国家经济发展的现状，很明显发展中国家的非物质经济发展远不如发达国家，致使其迫切要求发展非物质经济；而对非物质经济的需要构成了对非物质经济理论的需要，这就是发展中国家进行理论研究的现实意义。

二、非物质经济理论研究的迫切性

（一）发展非物质经济的迫切性

1. 经济可持续发展的要求

物质经济是依靠资源消耗的经济，而且在很长一段时间内，世界经济增长方式都是粗放型的，大量开采、大量生产、大量废弃的发展模式加速了环境资源的消耗。虽然在20世纪70年代，中国就提出了节约资源、保护环境、可持续发展，很多国家对碳排放量、资源的消耗等都作了限制，但实际情况不容乐观。

当前，发达国家中非物质经济已经占据了核心地位，但处于全球化的

[①] 科学技术部发展计划司："2008年大中型工业企业科技活动分析"，http://www.most.gov.cn/kjtj/tjbg/201003/P020100316378683655707.pdf，2010-03-16/2012-09-24。

[②] 科学技术部发展计划司：《2008年我国高技术产业发展状况分析》，http://www.most.gov.cn/kjtj/tjbg/201003/P020100316383985060789.pdf，2010-03-16/2012-09-24。

[③] 闻章："拿来主义：中国企业的短视"，《中国青年报》，2008年5月4日。

时代，发达国家在改变自身的经济结构，发展非物质经济时，并没有减少对资源的依赖和消耗，也没能减少对环境的污染和破坏，而是将其转嫁到发展中国家。因而，从世界范围来看，发达国家的经济调整并没能真正有利于资源和环境，反而因为产业转移到发展中国家，而由于发展中国家技术匮乏、环保意识不够等原因，对资源的消耗更大，对环境的破坏更加严重，很多发展中国家仍然处于"高投入、高消耗、高排放、难循环、低效率"的粗放型增长方式，中国便是如此。

专栏 7-3　　　　　中国：粗放型经济增长

虽然中国很早就提出了可持续发展战略，在 1995 年 9 月，中共十四届五中全会通过的《中共中央关于制定国民经济和社会发展"九五"计划和 2010 年远景目标的建议》明确提出"经济增长方式从粗放型向集约型转变"，但实际情况并不理想。

"以 2003 年为例，耕地面积全年净减少 253.7 万公顷；全年能源消费总量 16.78 亿吨标准煤，比上年增长 10.1%；水资源供求关系持续紧张，其中生活用水增长 5.0%，工业用水增长 1.1%。与此同时，环境状况长期处于恶化状态，环境污染十分严重，生态破坏问题突出。"①

中国国土资源部部长徐绍史在 2010 年的一篇文章中指出，"近十年间，我国矿产资源供应总量增速比前十年平均值提高 0.5~1 倍，也高出同期世界平均增速的 0.5~1 倍。即便如此，也难以满足需求的快速增长，矿产资源对外依存度不断提高，石油、铁矿石、铝土矿、铜、钾盐等大宗矿产对外依存度均超过 50% 的警戒线"，同时"开发建设还造成资源质量持续下降，水土质量呈恶化趋势，近 17% 的土地受重金属污染，近 1/4 的地表水处于污染状态"，"目前，中国

---

① 杜德春："环境成本上升当如何遏制"，《商场现代化》，2006 年第 12 期，第 227~228 页。

非物质经济概论

> 单位国内生产总值的资源能源消耗远高于发达国家,甚至高于印度等发展中国家。矿产资源总回收率和共伴生矿产资源综合利用率分别在30%和35%左右,比发达国家低约20个百分点;单位国内生产总值能耗是发达国家的3～4倍。"① 中国仍然处于"高投入、高消耗、高排放、难循环、低效率"的粗放型增长方式。

而且就发达国家自身对资源、能源的消耗量来看,依然比大多发展中国家要多;若是计算人均,则更是超过发展中国家好多。根据《新京报》的报道,虽然2011年中国的能源消费总量已超过美国。但在人均能耗上,中国"明显低于发达国家,目前中国每人每年耗电3400千瓦时,而发达国家的这一数据普遍在8000千瓦时左右,美国更是高达1.5万千瓦时"②。

专栏7-4　　　美国:人均资源消耗高

美国对自然资源的消耗之多一直是有目共睹的,根据新华社的报道,美国人的自然资源消耗量超过了世界总消耗量的1/4。美国的人均石油消费量位居世界第一:"现在全球的发达国家平均每人一年消耗17桶原油,美国是22.18桶(中国人均只有2.35桶)"③。全球近1/4的二氧化碳和其他温室气体是美国排放的:根据世界银行WDI数据库数据,美国2007年二氧化碳排放总量583.22万吨,世界第二,约占世界总量的1/5,人均19.3吨,世界第二,世界人均排放是4.6吨。

---

① 徐绍史:"落实节约优先战略　加强资源节约和管理",《国土资源通讯》,2010年第22期,第4~6页。
② 新京报:"中国2011年能源消费总量超美国　人均能耗低于发达国家", http://news.hexun.com/2012-05-28/141829638.html。
③ 傅成玉:"中国人均每人一年消耗2.35桶原油", http://www.chinanews.com/fortune/2011/02-23/2861931.shtml. 2011-02-23/2012-12-08。

> 另外"美国的人均水资源消费量是全球人均消费量的3倍;美国人平均每天制造出2.3千克的垃圾,比发展中国家人均水平高出5倍;美国每年人均肉类消费量为136千克,远多于欧洲的72千克和发展中国家的27千克"①。

2. 应对人口老龄化等问题的要求

另外,随着人口的增长速度降低、人均寿命的增长,发达国家面临着严重的老龄化问题,这无疑给社会,尤其是社会保障、社会福利和医疗等带来很大的压力。

针对老龄化问题,很多国际组织和国家都提出了自己的应对策略,如世界卫生组织的"积极老龄化"策略,英国学者安东尼·吉登斯提出了自己的积极福利思想(这些将在第八章有专门章节详细论述)。这些应对策略都离不开一点,即将老年人由负担变成财富。

中国有一句古话:"家有一老,如有一宝。"老年人的阅历、智慧是一个家庭的宝贵财富,对于国家来说又何尝不是如此。而这种财富则主要体现在非物质要素上,可以运用到非物质经济发展中。在非物质经济生产领域,老年人可以将自己的知识、智慧、创造力等完全发挥出来,即使从工作岗位"退休"也能对社会有所贡献。经验也是非物质经济的组成部分。

老龄化问题在发展中出现,因而也在发展中解决,随着发达国家非物质经济的发展以及相关政策的开展,"老龄化"虽然存在,但"问题"已经得到缓解。这些都值得发展中国家借鉴,根据联合国(UN)最新公布的数据,未来40年,发展中国家人口将进入一个前所未有的老龄化过程。中国首当其冲,当前老龄化问题就已经出现。

---

① 新华社:"3亿美国人的'大脚印' 人均资源消耗率异常庞大",2006 – 10 – 18/2012 – 12 – 08。

专栏 7-5　　　　　　中国："未富先老"

考察跨世纪的 100 年间（1950—2050 年）中国的年龄结构可以发现，如果在横轴的时间维度上向前推移 30 年，中国的人口结构与日本的人口结构具有惊人的相似之处。

图 7-2 是以人口抚养率的形式对中日两国人口结构进行的比较。"2010 年是中国人口抚养率最低从而人口红利最大的一年。这种人口红利的优势要比日本 20 世纪 80 年代大得多。但是 2020—2030 年间中国人口老龄化问题将变得十分严重。2020 年是一个重要的时间之窗，因为这一年中国的人口结构将与日本泡沫经济破灭的 1990 年相同，并且此后人口结构将以比日本更快的速度恶化。如果 2010—2020 年间中国不能将投资的重点从低端制造业转向高新技术和人力资本积累，不能实现经济增长方式从要素投入型转向效率增进型转换，不能实现行政垄断型金融体系向市场化和现代化金融体系的转换，不能将社会高储蓄导入高成长产业并高效积累起更多社会财富，中国经济将可能步入长期衰退，并可能面临发生社会危机的高风险。"①

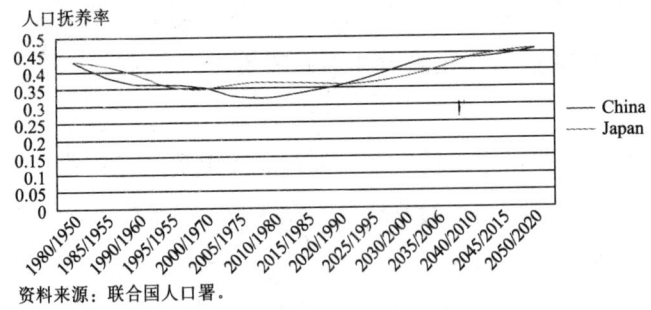

资料来源：联合国人口署。

图 7-2　中日两国人口结构比较

注：转引自潘英丽，"中国经济转型的紧迫性及其对金融转型的内在要求"，《国际经济评论》，2010 年第 5 期，第 87~98 页。

---

① 潘英丽："中国经济转型的紧迫性及其对金融转型的内在要求"，《国际经济评论》，2010 年第 5 期，第 87~98 页。

发展中国家在经济尚不发达的情况下进入老龄化社会，比发达国家更加困难和危险，它们应对老龄问题的经济基础还很薄弱，要解决好这一问题，迫切要求发展非物质经济。

而且随着物质生产的发展，人们的物质需求已经得到充分满足，单纯的物质财富已经无法使其得到满足和幸福，进一步的满足必须依靠非物质经济。物质经济保证人们的基本生活，提高生命的质量要靠非物质经济；人们对物质的需求是有限的，物质经济的增长就只能是有限的增长，真正无限的是对非物质的需求。

3. 经济结构调整的要求

发达国家目前经济结构相对比较合理，非物质经济占据核心地位，但仍然没有达到最理想的状态。而发展中国家则是亟待调整，本章之前已经简单说到发展中国家的经济现状，主要是非物质经济匮乏的情况，很多国家都面临三大问题——资源消耗过大、劳动力成本上升以及本国的市场被外企占据，经济转型是一种必然，更是迫在眉睫。资源的问题不再重复论述，下面将以中国为例，对劳动力和市场的问题进一步阐释。

专栏7-6　　　　中国劳动力成本不断上涨

中国一直都是一个人口大国，目前仍然是世界上人口最多的国家，根据第六次人口普查的数据，中国大陆现有总人口13.4亿，数量上仍然占据绝对优势，但是质量和结构都发生了很大变化，人力资源总体格局也随之发生了很大变化。

在普查数据中，中国人口劳动力年龄结构变化迅速，大陆人口0~14岁人口约2.2亿，占16.60%；15~59岁人口约9.4亿，占70.14%；60岁及以上人口约1.8亿，占13.26%，其中65岁及以上人口约1.2亿，占8.87%。同2000年第五次全国人口普查相比，0~14岁人口的比重下降6.29个百分点，15~59岁人口的比重上升3.36个百分点，60岁及以上人口的比重上升2.93个百分点，65岁及以上人口的比重上升 1.91 个百分点。①

据人口学家郑梓桢分析，虽然中国劳动力总量仍然十分庞大，但根据普查数据分析，人口过快增长势头得到有效控制。2000 年到 2010 年十年之间，中国人口年均增长率是 0.57%。而 1990 年到 2000 年的十年之间，年均增长率是 1.07%。这意味着，"未来劳动力将不再是无限供给，面对人力资源结构性矛盾，今后简单的劳动密集型产业发展空间肯定受限，根本出路是必须加快转型升级"②。

在全球化时代，市场处于相对开放的状态，使得很多发展中国家的企业面临激烈的国际竞争。国内消费者消费水平的提高也使得他们愿意去选择更新更优的商品，国内市场也受到外国产品尤其是发达国家产品的侵蚀。本国的产品缺乏品牌，往往只能依赖价格优势，跟外国商品打价格战，走低端路线。即便是获得了不错的市场份额，利润却仍然不能跟外国产品相比较。中国的智能手机市场便是例子之一。

专栏 7-7　　　　中国智能手机市场

✚ 2012年4月内地3G智能机品牌销量排名

排名	品牌	销量	份额
1	三星	2018078	22.75%
2	酷派	1020887	11.17%
3	华为	997662	10.92%
4	联想	932870	10.21%
5	中兴	847931	9.28%
6	苹果	778767	8.52%
7	摩托罗拉	378502	4.14%
8	诺基亚	360517	3.96%
9	HTC	257671	2.82%
10	海信	233394	2.55%

图 7-3　2012 年 4 月内地 3G 智能机品牌销量排名

注：转引自《南方都市报》。

---

① 马汉青："劳动力成本上涨是必然的"，《羊城晚报》，2011 年 5 月 3 日。
② 同注释①。

> 图 7-3 是咨询机构赛诺发布的 2012 年 4 月中国智能手机市场份额报告。前五中，除了三星电子外都是国产品牌——中兴、华为、联想和酷派，这四家企业的市场份额合计超过了 40%。但"值得我们注意的是上榜的'中华酷联'四大品牌有着相似的背景——智能手机集中在千元环节，与三大运营商捆绑紧密"①。而国产机中较高价位的则基本卖不动，所有的顾客几乎都会选择苹果、三星等国际大品牌。
>
> 华宝证券出台了一份面向手机市场的研究报告，分析"国产品牌手机虽然占据了国内 50% 的智能机市场，但都集中在低端智能机市场。三星和苹果占据了手机市场 99% 的利润，而国产品牌和其他国际品牌只能去争夺剩下的 1% 的利润。"②

很多发展中国家和中国一样，本国的市场在各个领域不断"沦丧"，或者是占据了市场却没能获得利润，相似的产品只能卖外国产品几分之一甚至更少的价格，眼睁睁看着利润不断滚向外国企业。发展中国家经济转型迫在眉睫，发展科技、发展非物质经济刻不容缓，这将成为发展中国家占据市场份额，提高利润率的重要途径。

（二）发展非物质经济理论的迫切性

非物质经济理论研究是发展非物质经济的内在要求，那么非物质经济理论研究的迫切性则需要考虑两点：一是发展非物质经济的迫切性，二是理论研究本身的迫切性。前文已经论述过发展非物质经济的迫切性，这里不再赘述；接下来将主要分析非物质经济理论研究本身的迫切性。

非物质经济高度发展，引起了世界各国学者专家的注意。"非物质"的概念提出来③已经有近三十年的历史，学界研究和探讨非物质经济的学

---

① 方南："夺智能手机半壁江山，利润份额不到 1%"，《南方都市报》，2012 年 6 月 6 日。
② 同注释①。
③ 1985 年 3 月，法国著名的后现代理论家利奥塔在巴黎的蓬皮杜国家艺术和文化中心发起一次展览会，有意识地命名为"非物质"（Les Immateriaux）。

非物质经济概论

者也已不在少数,但大家对于非物质经济的定义和理解各不相同,关于非物质经济的概念仍没有形成定论,更没有形成一个系统的、完整的理论。

很多人将非物质经济与知识经济等同,有人从非物质文化的角度来揭示非物质经济,也有人从信息产业的发展来研究当今社会经济的变革,然而这些都不够全面,没能将这些息息相关的事物统一起来,达到广义的"非物质经济"的高度。诚然,非物质经济走进大家的视野是以信息革命为依托和契机;文化产业也跟非物质劳动有重大联系——"非物质劳动的产品是人们智力、文化、感情的凝聚,从而使文化和经济趋于一体化,一方面,文化融入经济之中,文化、意识直接地变成了产品,如娱乐业、出版业、媒体影视等,出现了所谓的文化产业"[①]。但在第一章和第二章我们已经解释过,本书中所提及和理解的非物质经济并不局限于此,但凡在生产和生活中不主要以消耗物质资源为要素,并能够提高物质经济价值的,能解决人们"望闻思乐美"的经济活动都是非物质经济。非物质经济是信息经济、知识经济、符号经济等表述的统称,包括信息、数据、形象、意象以及态度、价值标准和社会的其他符号化产物,涉及:文化、科技、金融、艺术、医疗、教育、创意、旅游、咨询等多个领域和行业。

形成一套系统的理论,将信息、知识、文化等所有非物质的事物综合起来,研究非物质经济的本质,才能够使得非物质经济更好更快地朝着更健康的方向发展。加大对非物质经济理论的研究和探讨,对非物质经济的进一步深化认识以及对非物质经济的进一步践行,是关系整个世界经济走向的重要问题,更是摆在经济理论工作者面前的艰巨课题。

三、本章小结

在世界范畴内,非物质经济已经取得了重要发展,尤其是在发达国家,非物质经济发展已经占据重要地位,发展非物质经济理论是其必然要

---

① 陈志刚:"非物质经济与社会变革",《马克思主义研究》,2007年第6期,第49~57页。

求；而在发展中国家，非物质经济发展尚且不够，需要理论来指导其更好地进行产业结构调整，因而进行非物质经济理论研究具有现实性。

当今世界经济的发展，环境生态已不是一个国家可以独善其身，而是彼此相互关联，相互影响，相互制约，相互作用。多哈气候谈判的艰难无不表现出发展非物质经济的迫切性，目前虽然非物质经济已经取得了一定发展成果，但它的迫切性近在眉睫，更需要进一步的提高，尤其是在发展中国家，实现整个世界经济发展的升级。而且目前非物质经济的理论非常缺乏，形成一套系统的理论非常迫切：发展非物质经济的迫切性和理论研究本身的迫切性共同决定了非物质经济理论研究的迫切性。

非物质经济理论发展的迫切性和必要性决定了我们在研究过程中务必认清它在经济运行过程中的价值差异，这样才能准确把握它发展的轨迹。在下一章，我们将着重来分析。

第8章 非物质经济与物质经济的价值差异

前几章我们论述了发展非物质经济的迫切性和必要性。本章我们着重讨论非物质经济与物质经济的价值差异,也只有真正认识到它们的价值差异,才能更加关注和投入发展非物质经济。

非物质经济是与物质经济相对而生、相伴发展的。在人类社会经济活动还处在初级阶段时,人们最关注的是"衣食住行用"的物质经济,因为它是人们生存的物质保证。而当人类社会经济发展解决了"衣食住行用"的基本保障后,人们追求的目标则成了"望闻思乐美"和提升物质经济的内在和外在价值这一非物质形态。人们会把人类有限的资源注入"无限"的想象,使物质形态以最小的消耗为人类提供最大的效用。这时,发展非物质经济就成了人类生产的必须。

以"物质经济"为主的发展观,过多关注物质财富的增长,过分强调其意义,而"非物质经济"的发展观则是建立在对一味注重物质增长而产生的经济社会问题的深刻认识和反省的基础之上,并为此指出解决问题的途径。

单一地强调物质经济的发展,只能滋长人类对未来的悲观情绪,甚至让部分人产生反发展的消极意识。而非物质经济的发展观念则是弘扬物质经济发展与非物质经济发展相互促进,以实现经济发展和生态和谐的双赢。

物质经济的发展观念偏重于从物质和数字层面讨论经济、社会问题,而非物质经济的发展观念强调从技术、物质到体制、文化、精神、幸福感受的全方位透视和跨学科的视角。

概言之，物质经济的发展观念就是"以增长论发展"，较少深入探究工业化以来人类发展和经济增长方式上存在的严重问题；而非物质经济的发展观念，则洞察到藏匿于工业文明的发展理念和生活方式之中的单一物质经济维度，希望提供一条新的发展道路。非物质经济的发展观念更加关注人类文明的精神层面，注重知识和信息的意义，强调知识经济、信息经济、符号经济、服务经济、品牌经济、计量经济等新经济形式的价值。

一、经济价值上的差异

在物质经济与非物质经济中经济价值的比较上，我们主要以供求关系理论为框架来进行分析。

物质经济理论所考察的需求是源于人欲望的、同时又具有支付能力的需求，是消费者在某一特定时间内，在各个可能的价格水平下，愿意且能够购买的商品和劳务的数量。它反映的是商品需求量与该商品价格之间的一种关系。需求函数：$Q(d)=f(p)$，或者 $Q(d)=a-bP(a,b>0)$，它表示商品的价格和需求量之间成反方向变动的关系。

物质经济学所考察的供给，是相对于需求来说的，是指生产者在某一特定的时期内，在某一价格水平上愿意而且能够提供的某种商品和劳务的数量。供给也是价格的函数，$Q(s)=f(p)$，或者 $Q(s)=c+dP(c,d>0)$，它表示商品的价格和供给量之间成同方向变动的规律。非物质经济的供给要素不是一般物质经济学中的供给，而是知识、符号、信息、品牌、文化等非物质要素的国内供给，是通过知识创新而产生或民族文化历史沉淀和积累所得。其供给在短期内弹性较低，但可发挥的经济价值却是不可估量的。

均衡的最一般意义是指经济活动中有关的变量在一定条件的相互作用下所达到的一种相对静止的状态。均衡价格决定于市场上需求量和供给量相等的状态（供需曲线的交点），此时的价格就叫均衡价格。非物质经济相关的产品需求量的变动是与消费者物质经济收入水平的变动、非物质经

非物质经济概论

济产品品质变动等相关。与物质经济相比,由于人们在精神层面的追求是无限的,因此非物质经济很少会达到均衡状态。尤其是在法律制度对知识创新的保护不足、文化保护意识不强、创新能力欠缺的情况下,非物质经济的产品价格不能完全由市场需求量和供给量来决定。

一个爱马仕包,一支派克笔,一架波音飞机,如果只注意到制造它们的普通物质价值,那是微不足道的。因为,一个皮包耗用的只不过是不到1千克的动物外皮,一支派克笔消耗的只是一点塑料和笔尖极小的金属,一架波音飞机消耗的物质无非是100吨左右的铝合金,但它以在消费者那里却获得数百倍、数千倍的物质价值。因为这几种产品内在的非物质经济元素含量极高。这就是非物质经济给我们带来的极大效用。商家们把极小的物质消耗变成了极大的物质财富。因为这些产品内在和外在的非物质形态极大地提升了它的物质价值,同时也给人们带来了尊贵和享受。因此对非物质经济来讲,其经济价值远高于物质经济在经济活动中的价值。

今天,现代社会的飞速发展给我们提供了更多的想象空间,诸如代表非物质经济典型形态的互联网、物流、科技创新、文化艺术、电影电视、经济运行模式、金融服务、信息产业、动漫创意文化等不一而足,它们都是不以消耗物质资源为主的经济活动,给人们带来的却是无比的享受和快乐,这无不彰显非物质经济的巨大价值。

二、文化价值上的差异

在非物质经济的概念框架中,社会不断地向前发展会产生相应的非物质经济需求,其实质是消费者的一种精神需求,是对非物质经济所代表的符号价值、品牌价值、信息价值、文化价值等的一种感官体验的需求。

所谓文化价值,就是指那些凝结在人们通过实践活动所创造的物质产品和精神产品中,能够满足人们的物质和精神文化需要的价值[1]。

---

[1] 侯长林:"对文化价值分类的再认识",《铜仁师专学报(综合版)》,2002年第1期。

物质经济主要关注人们的"衣食住行用"等物质上的需求和享受，在效用价值上，更关注物品在量上的满足。比如玩具，工业化的成批量生产可以极大地降低单件玩具的生产成本，从而可以让家长以更少的支出满足孩子对玩具在种类和数量上的需求。

非物质经济思考如何纠正由现代性所塑造出的人与自然之间的征服与劫取的不正常关系，思考包括符号经济在内的非物质经济与物质经济所体现的文化价值差异，思考文化的多元性，思考文化的传承与创新。非物质经济产品所提供给消费者的效用源于其带给消费者在望、闻、思、乐、美等主观感受上的独特享受，其边际效用会随着非物质经济产品，如文化旅游产品、品牌产品等的抄袭和模仿而降低。以非物质经济的核心部分之一的文化产业为例，实质是用商业化的方式满足人们的多种情感需要、精神需要和归属需要。再如服务业，则覆盖了从健康教育、金融到交通、娱乐与广告等广泛的范围。这些工作具有高度的流动性，需要从业人员对知识的灵活运用，工作以知识、信息、感情和交际为主。非物质经济产品只有保持其独特性和高品质才能增加消费者的需求。而且非物质经济产品强调社会、文化的多元性，有利于文化的传承和知识的创新。

以符号经济为例，同注重物质生产的物质经济不同，在追求文化附加值的符号经济中，与整体消费行为相联系的不再是简单的经济实力，而是与文化密切相关的各类新的消费概念，符号可以给平淡无奇的商品赋予深厚的意义。新的消费概念和消费模式更加关注的是消费现象的表征，而不是经济实力。所以不是消费定义文化，而是文化引导消费，表象化的消费造就了一种符号化的经济模式。符号文化从多个方面引导消费，比如对特定消费品的概念包装，对消费所需氛围的营造，对消费的意识形态渲染，为消费者树立生活的偶像，等等。例如，电影《阿凡达》通过瑰丽磅礴的文化探寻，将被现代性所打压的深厚文化资源成功转化为巨大的非物质资本。

再比如，中国和一些中等发达国家为何处于产业链低端就是因忽略了非物质经济的没有人文关怀的物质经济，在创新上会是匮乏无力。进入数字时代,人们早已经习惯了电子产品的日新月异,但全球消费者对苹果平板电脑的热情的确是近年来少见的。从外观上看,iPad不过是一台不带键盘的触摸屏笔记本电脑,何以能够如此吸引眼球?苹果公司向媒体首次介绍该产品时,有业界人士认为它无非是一款介于苹果手机和苹果电脑之间的折中产品,并断言道:"有了苹果手机和苹果电脑,谁还再需要它?"事实证明他们错了。拿起iPad,你会觉得自己进入了一个全然不同的互联网世界。用苹果公司原总裁乔布斯的话说:"捧着它,你就像把互联网捧在了手上。"非物质经济的文化价值即在于此,而物质经济与非物质经济的价值差异也十分明显:苹果公司一种带视屏的mp3播放器,售价149美元,付给中国制造商的装配成本仅5美元,苹果公司所得纯利润高达90美元。非物质经济对物质经济的增值效应可见一斑。

三、社会价值上的差异

接下来笔者主要从公共物品理论的角度探讨物质经济和非物质经济在社会价值方面的差异。

公共物品的定义有广义和狭义之分。狭义的公共物品仅指国防、灯塔等具有完全的非竞争性和非排他性的纯公共物品,而广义的公共物品指除了纯私人物品之外的所有物品。介于纯公共物品和纯私人物品之间的物品成为准公共物品,具有不同程度的公共性。公共物品最基本的特性是非竞争性和非排他性[1]。

物质经济的发展只看到了社会价值中物质财富的增长,认为只有物质财富增长,经济才能算增长。工厂越来越多,楼房越来越高,高速公路、高速铁路越来越多,汽车越来越多,飞机越来越多,才能算经济增长和社会价值提高。这里看不到和忽视了社会价值中,森林、荒野、湿

---

[1] (英)阿瑟·刘易斯著,周师铭、沈丙杰、沈伯根译:《经济增长理论》,商务印书馆1983年版。

地越来越少,野生动植物的生存空间越来越小,越来越严重的生态失衡等造成的社会价值另一方面的下降,很少考虑公共物品及其所关联的社会价值;非物质经济在发展中充分考虑经济活动对公共物品的影响,考虑环境、森林资源、空气质量等因素,从公共物品角度关注发展的代价和成本。

非物质经济发展观是生态、社会、经济三方面优化的集成。非物质经济发展是为了足够的人均福利而奋斗,使过上这种生活状态的人数达到最大化。非物质经济的核心思想"可持续发展",要求经济规模上的足够、社会分配上的公平、经济配置上的效率三个原则同时起作用。足够,强调人均财富的目标是足够过上满足基本需求的好生活而不是物质消耗最大化的生活;效率,是指对自然资本的有效利用能允许更多的人生活在足够的生活状态中;公平,是强调足够这样一种生活状态应该被所有人所拥有。今天的世界,一些人的生活超过了足够,而另一些人则远远低于足够,在分配上是高度不平等的;同时,以日益增长的速度消耗资源和损坏自然资本。因此,不能满足所有人基本需要的物质经济系统不能被认为是有效率的①。

非物质经济是一种超越物质经济增长的发展;非物质经济发展强调对当前以增长为中心原则的数量性发展观进行反思,建立以福利为中心原则的质量性经济发展价值观。

一方面,物质经济随着时代的发展和人类对福祉要求的提高,表现出很多的局限性和弊端,非物质经济针对这些问题提供了一套解决办法和思路。另一方面,我们也要防止非物质经济文化所催生出的新的符号经济、信息经济、品牌经济等的非物质经济可能产生的负面现象,如对虚拟世界的沉迷、对消费的图腾崇拜等,这些也是人的异化的新表现。

我们认为,物质经济是非物质经济发展的基础,非物质经济的发展是

---

① (美)赫尔曼·E. 戴利著,诸大建、胡圣译:《超越增长——可持续发展的经济学》,上海译文出版社 2001 年版。

非物质经济概论

建立在一定的物质经济发展的基础上的。我们一方面要认识物质经济和非物质经济的区别和联系,另一方面把握好两者的共同发展,全面提高人民福祉。

非物质经济是人类社会发展一定阶段必须关注和大力发展的经济形态。相比物质经济,其价值是不可估量的,它带给人们的幸福和欢乐也是不可估量的。我们前面讲过,人们对物质经济的需求是有限的,每天三顿饭、一张床是人自身生存的基本需要。如果每天吃十顿饭、睡十张床,物质消耗量的增加,人们的痛苦也随之增加了。消化不良、睡眠不足就会困扰我们的生活,使我们幸福和快乐的指数急剧下降。但非物质经济带来的产品则完全不同。人们可以欣赏电影、电视、各种文艺演出,旅游,玩游戏,下象棋,打扑克,网购、网聊、网天下,无所不能,还有结合物质资源开发出的各种供人们享受的琳琅满目的产品。可以说。人们对非物质经济的需求是无限的。非物质经济的高度发展会使人们的生活质量得到极大提高,幸福和快乐指数也会节节攀升。另外,各种中介咨询、礼仪活动、品牌、广告策划等极大地拓宽了人们的就业渠道,为社会创造提供了无限的价值空间。

由此得出,非物质经济在整个经济活动中的价值决定了一个国家的发达状况。非物质经济在整个国家经济中的比例越高,这个国家就越发达。其公式为:

$$M = \frac{F}{W}$$

式中,M 为经济总价值,F 为非物质经济价值,W 代表物质经济价值。

一个国家非物质经济的越发达,人们的幸福和快乐指数越高。

总之,非物质经济的价值形态和物质经济的价值形态有着很大的差异,前者注重精神层面的需求,后者注重维持人们生命体质的需求。我们只有认清它们的价值差异,才有目标和信心积极大力发展非物质经济。使非物质经济在发展提升中,促使我们更加珍惜和保护节约我们人类有限的物质资源，使我们生活的质量在经济运行过程中得到进一步提高。

非物质经济理论不但对非物质经济发展起到不可替代的推动作用，更能在经济运行中起到战略指导作用。但到底该如何发展非物质经济，又有哪些战略使命？下一章将做具体分析。

四、本章小结

非物质经济的价值形态和物质经济的价值形态是有很大的差异，前者注重精神层面的需求，后者注重维持人们生命体质的需求。我们只有认清它们的价值差异，积极大力发展非物质经济才有目标和信心。使非物质经济在发展提升中，促使我们更加珍惜和保护节约我们人类有限的物质资源，使我们生活的质量在经济运行过程中得到进一步提高。

综合以上论述，我们得出以下结论：

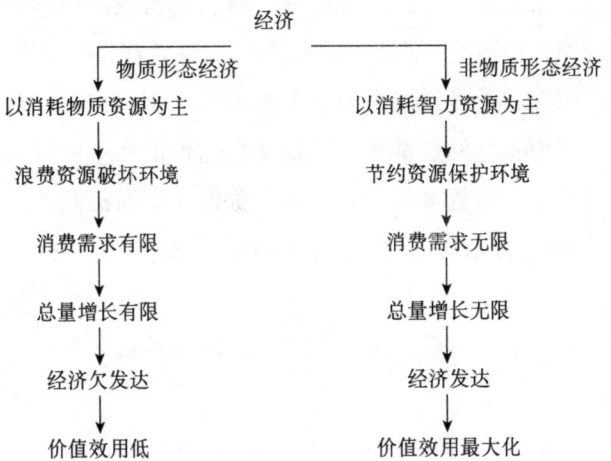

在本章我们了解了非物质经济与物质经济的价值差异，下一章我们着重论述非物质经济的特性，使我们更加清晰地了解非物质经济理论对推动非物质经济发展的重要作用。

第 9 章　非物质经济的特性

非物质经济是不以消耗物质资源为主的价值再创造活动,非物质经济的生产过程是和生产资料若即若离的。

由于非物质经济产品的特殊性决定了它在分配过程不同于一般物质经济产品的分配方式。它是以不同的对象,根据其特殊的需要而决定其分配方式。

非物质经济产品的交换和物质经济产品的交换不同,物质经济的交换使交换产品的对象失去对产品的占有权,而非物质经济产品的交换在很多情况下可以继续保留所交换产品的所有权,交换者获得是分享权。

消费环节对非物质经济产品来说更是不同于物质经济产品。物质经济产品在消费过程中,它的数量在不断地减少,价值在不断降低;而非物质经济产品在消费过程中数量在不断增加,价值在不断提高。非物质经济是一种"反馈"经济,消费者在消费非物质经济产品的过程中也在创造价值。

我们前一章分析了物质经济与非物质经济的价值差异,本章将着重论述非物质经济的特性。

物质经济是保证我们生命体存续的不可替代的经济形态,而非物质经济则是物质经济的价值体现。与物质经济相比,非物质经济表现出了独特的经济形态。本章主要就非物质经济的生产总过程进行讨论,进而探讨非物质经济的特性。

一、生产总过程

我们知道，物质经济是由生产、分配、交换、消费这四个环节完成的，非物质经济同样包含了这四个环节。非物质经济在这四个环节具有不同的特性。

（一）非物质经济的生产过程

非物质经济是不以消耗物质资源为主的价值再创造活动，所以非物质经济的生产过程和生产资料是若即若离的。非物质经济是以人力资本和科学技能来创造价值，它的生产过程一般不需要耗费大量的物质资源。

以我们目前正在重视和大力发展的文化产业以及相对应的文化交流与贸易为例，文化产品贸易可以分为文化商品贸易和文化服务贸易。文化商品是传达生活理念、表现生活方式的消费品，具有娱乐或传递信息的功能。文化商品包括图书、杂志、唱片、电影、多媒体产品、软件、工艺品和设计等等。文化服务是为满足某种文化需求而举办活动，包括艺术表演和其他文化活动，不包括服务所借助的物质形态。文化产业中的文化产品和服务是非物质经济中一个非常重要的组成部分。文化产业要借助一定的物质作为载体，比如，图书、杂志、唱片等，需要消耗一定的物质资源，但是文化产业的生产过程与物质资源是若即若离的。生产过程不需要消耗大量的物质资源，倚重的是文化产品创作者的综合素养和技能来创造价值。文化产品的精髓是物质载体中所包含的文化内容和理念。文化产品的价值取决于内容、理念的传达性和认可度，即是否你所传达的理念能让更多人认可，能给更多的人带来正能量等等。文化产品不仅具有商品属性，同时也具有精神和意识形态属性[①]。而精神和意识形态属性是非物质经济非常强调和重要的部分，也是文化产品的精髓。与物质经济的生产不同，

---

① 孟嘉："浅析文化在贸易的发展"，沈阳师范大学渤海学院，2010年。

非物质经济概论

非物质经济的生产过程根据产品的不同能够在相对简陋的环境下独立完成,也能综合各种已有要素进行创造性的整合,因此非物质产品所负载的内容往往不像物质产品那样有统一的规格和标准。

1. 独特的"韩国创意"

不追求统一的标准是非物质经济的精髓和关键所在。这里以独特的"韩国创意"为例来说明文化产品对综合素质和技能的要求,进而体现非物质经济独特的生产过程。

韩国文化产业发展过程中,形成了世人瞩目的"韩国创意"。"韩国创意"的独特性主要体现在创意多元化、对传统文化的发掘创新、以及创意的扩散性和集群创意等方面。

创意多元在韩国电影的创作中得到最好的体现。许多时候,韩国电影不仅展现出儒家特有的仁义、礼、智、信,以及中庸的含蓄、内敛思想,强调家族观念,强化家长的权威;也反映了日本社会的风俗习惯与武士道精神相结合的儒家文化的投射。同时西方的个人自由、机会均等等价值观以及基督教文化在韩国电影中也被强调和体现。如电影《爱在哈佛》中既有东方文化的勤劳、自律,也有西方的自由与个性,而且在营造西方新奇效果的同时,也不忘突出韩国人坚韧不拔的民族性格。该影片创意的立足点多样化,受到不同阶层、不同年龄、不同性别、不同文化背景的多个受众群体的喜爱。

韩国创意在融合多元的同时也紧紧捍卫着本民族的文化,非常重视传统文化的挖掘和创新。比如前几年风靡亚洲的影视剧《大长今》,其创意的成功很大程度上在于对被认定为韩国重要无形文化遗产的宫廷料理配方和烹调方法的展示。《大长今》着力展现包括服饰、饮食、医药、礼仪等在内的许多韩国传统文化要素,同时在景观上不论是景福宫,还是专门搭建的古代村落,都细致地体现了十七世纪朝鲜中宗时代的社会生活场景,给人一种在欣赏精彩剧情的同时,还在游览传统文化博物馆的感觉。

韩国极力推广一种"一种资源,多种开发"的创意开发模式。韩国文化产业从业者认为,文化产业中创意是核心,各个具体产业产品的不同之处在于对创意的展示方式与人们体验创意的方式不同。如"流氓兔"等漫画形象，被广泛应用于动画、游戏、电影、卡通形象等领域，取得了极佳的效果。

韩国文化近几年也逐步呈现出群聚的特点，这也一定程度上体现了非物质经济的共享性、多功能性和不易灭失性等，将在下面重点讨论。

2. 共享性对物质经济生产方式向非物质经济转变的重要性

非物质经济特殊的生产过程也决定了其在交换和消费环节的特殊性。非物质经济是对主导了过去几个世纪的工业化经济发展模式的挑战，开创的是一种协作的生产和生活方式，强调的是非物质产品的共享性。物质经济逐渐向非物质经济的转变是人类经济发展过程中的一个转折点和里程碑。

下面我们先来回顾一下古典经济理论中的一条宗旨，来看这条宗旨的悖论性是如何奠定物质经济向非物质经济转变的基础的，以及非物质经济的共享性对于这一转变的重要性。

让·巴蒂斯特·赛伊是19世纪早期的一名法国古典经济学家。和亚当·斯密一样，他采用牛顿力学作为隐喻，认为供给就像某种永动机，会持续不断的产生需求。赛伊写道："一件产品不可能比它本身更早的被制造出来。从那一刻起，这件产品一产生，为了实现自身全部价值，就要为其他产品营造一个市场……创造一件产品就为其他产品（的流通）立即找到了一条出路。"[①] 不久之后，新古典主义经济学家们又重新解释了赛伊牛顿力学隐喻，认为除非受到外界力量的作用，否则，运行着的经济将始终保持着运行。节省劳动力的新技术将会提高生产力，供应商可以依靠新技术以更少的成本创造更多的产品。这样，廉价物品的大量供给创造了对其本身的大量需求。相应的，需求量增大又刺激额外的生产。这样，需求和生产形成一种反馈机制，表现为扩大生产和消费的无限循环。

---

① 【美】杰里米·里夫金著，张体伟、孙豫宁译：《第三次工业革命》，中信出版社2012年版，第274页。

非物质经济概论

新古典主义经济学家们认为，产品的利润最后将使因技术进步而失业的人得到补偿，因为扩大的生产又将增加就业。而技术革新和技术进步降低了生产成本，产品价格的下降又保证了消费者能有更多的钱来购买其他产品，从而促进其它的经济领域的就业。

但是事实上是不是这样的呢？不是的。事实表明，随着时间的推移，生产力提高了，并没有自动增加消费需求和就业，而且有时候还适得其反，导致失业率上升，购买力下降。以美国为例。过去半个世纪以来美国经济的每一次扩张，都伴随了就业增长的放缓。在上个世纪50-70年代经济扩张时，私营部门的就业率增长了3.5%；80-90年代仅仅增长了2.4%；到了21世纪的前10年，就业率每年反而下降0.9%。[1] 在物质经济急速发展的时代，各制造行业的生产力都快速提高，使得更少的劳动力创造了更多的产出。预计到2040年，全球制造业工人数量将从1.63亿下降到几百万，大部分工厂岗位将消失[2]。

非物质经济的发展，及其所带来的生产方式，也在很大程度上区别于上述的物质经济的增长。正如工业时代淘汰了奴隶制，在强调合作和共享的非物质经济时代，大量的雇佣劳动将会逐渐消失。19世纪和20世纪的物质经济时代是大批劳工操作机器的时代，而21世纪，非物质经济的发展将引导人力资本的重新配置和运用，产生符合非物质经济内在要求和客观规律的生产方式和劳动力市场。

就像我们的祖父辈们从农业和乡村的生活方式转向工业和城市的生活方式一样，我们也需要做好准备，迎接协作化的非物质经济生产和生活方式。经济活动的主体不再依赖于物质产品生产量的不断提高来刺激需求，而是要注重物质经济生产向非物质经济生产的转换，更多关注人文素质和科学技能在非物质生产经济中的重要性。不要单纯强调廉价物品的大量生

---

[1] 【美】杰里米·里夫金著，张体伟、孙豫宁译：《第三次工业革命》，中信出版社2012年版，第275页。

[2] 【美】杰里米·里夫金著，张体伟、孙豫宁译：《第三次工业革命》，中信出版社2012年版，第276页。

产和生产效率的不断提高，而是要更多关注产品品质的提升。

（二）非物质经济的分配过程

非物质经济产品的特殊性决定了它在分配过程不同于一般物质经济产品的分配方式。非物质经济强调以不同的对象，根据其特殊的需要而采取的分配方式。对非物质产品的消费和流通不但使人们可以取得"望闻思乐美"的享受，而且更能创造和增加物质经济的价值。相对应的，非物质产品的分配方式就完全不同于物质经济产品的分配方式。它是以产品结果和市场大小取得分配权。

1. 非物质经济：以小拨大

在物质经济领域中，大公司利用强大的经济实力和巨头形象在市场中取得巨大的分配权。非物质经济为小企业、新型企业的建立和发展创造了空前的机会。我们以谷歌所带来的经济新规则为例。当通过 Google 就能发现自己的世界市场份额时，一个弱小的起步企业能够变成利用别人的工厂组织生产和销售的大制造公司。只要恰当的使用博客软件并且能用 Google 的广告支付费用，任何一个人都能够开设一个高度目标化的传媒公司。在非物质经济中，一个人播下一粒种子，就有可能引发某个行业的一场革命。非物质经济下完全不同于物质经济产品的分配方式，对商业竞争中的"小"与"大"的辩证关系也加入了新的注释。

2. 不再千人一面

非物质经济产品的发展与追求立足多样化。非物质经济强调创意，同时将创意针对不同的目标对象。非物质经济产品的特殊性决定了它在分配过程中不同于一般物质经济产品的分配方式。通过创意个性体的分配，保证每个个体的"望闻思乐美"的享受，从而具有提升物质经济价值的很大空间。

还是以独特的韩国创意为例子。韩国的创意立足点多样，不仅在题材的选择上有所体现，在创意方向的设定上也进行了充分考虑。比如韩国漫画产业中，流氓兔、布卡、雨衣少年、蒙蒙、布鲁蓓等卡通产品的设计便

非物质经济概论

是针对不同的年龄层、不同性别的消费群体。一千个读者就有一千个哈姆雷特,在欣赏和享受这些文化产业产品的同时,每个人可以从不同的角度去享受和解读,与物质经济中的千人一物,千人一面的状况形成强烈的反差。

(三) 非物质经济的交换过程

非物质经济产品的交换和物质经济产品的交换不同,物质经济的交换使交换产品的对象失去对产品的占有权,而非物质经济产品的交换在很多情况下让创造者继续保留对产品的占有权,交换的对象获得的是分享权和使用权。

1. 后稀缺经济

我们正在进入非物质经济的后稀缺经济时代,文化产业、互联网产业的发展都在教我们如何去应对这个时代,需要我们重新审视现有的主流经济学的一些基本规律,包括我们在前文中所讨论的供需法则。

下面将以 Google 为例子,来分析后稀缺经济的特点。物质经济时代,稀缺与控制相关:那些控制稀缺资源的显然能够获得定价权。各大企业倚仗对稀缺物质资源的控制权,在物质经济中占据重要的位置。非物质经济之所以可以被称为"后稀缺经济",是因为非物质经济所提供的全新的交换方式。想把非物质产品卖给目标市场?你不需要再为 1000 家商店中货架上的一个位置而与这些零售企业讨价还价,就可以通过网络交易平台把产品卖给世界上的每一个顾客。你想找到一件别致、不易撞衫的衣服?只需在网上轻轻一点,就能发现无数的选择。不想在报摊上买《纽约时报》,或花钱登陆《华尔街日报》的收费网页阅读与你所在行业相关的新闻?网络上有无数其他的信息来源。即使这些收费新闻来源报道了一则独家新闻,也会很快有人分享这则新闻,比如,在自己的博客中引用、提供连接、编辑或者电邮给他人分享。分享的这个人不但自己不会失去这个独家报道新闻,其他人也可以享有这个新闻,只是不再是独家,不再可能保持信息的稀缺状态。

类似Google的很多企业已经发掘出了多种创造、开发和管理非物质产品的商业模式。这种经济形态的共性是，交换并不会减少个人拥有的非物质产品的价值，交换的只是分享权。

2. 非物质经济交换中的"1+1>2"

我们可以从大家熟知的"孔融让梨"的故事中考察物质经济中的交换。孔融让梨之所以成为一种美德和美谈，在于孔融很懂事的把大的梨让给了别人。从物质稀缺性的角度，这个故事包含了至少两点内容。第一，资源是稀缺的，作为梨它的供给是有限的，少于需求；第二，资源是不均衡的，梨有大有小，有好有坏，又大又好的梨作为稀缺资源不能满足需求。孔融把又大又好的梨让给了别人，作为交换，他失去了品尝大梨的甘甜的享受，以获得"孔融让梨"美德的赞赏的精神享受。这是物质经济下的交换；你要以失去来获得。

要表明非物质经济对稀缺性的颠覆，最容易想到的是文豪萧伯纳一句话："你有一个苹果，我有一个苹果，我们交换一下，一人还是一个苹果；你有一个思想，我有一个思想，我们交换一下，一人就有两个思想。"把萧伯纳的话推进一步，非物质经济更多的是 1+1>2，即整体远远大于部分之和。

举个思想交流的例子。民族主义与历史文化冲突，看似属于两个不同的范畴，但是往往会互为因果、相互作用的引发不同文化之间的相互猜疑，加剧对立冲突。这个很大原因在于民族主义从来都是一把双刃剑，一方面，它激发一个民族的集体自强精神，使得这个民族能够自立于世界民族之林；另一方面，极端民族主义会刺激非理性情绪，造成自我封闭。国家决策者之间的错误知觉可能加剧国家之间的冲突、甚至导致国家间的战争，同样地，民众之间的错误知觉也会加剧民间社会的冲突，继而会影响两国间的互相信任、甚至引发外交冲突。历史是客观的，但是对历史的解读却可能是主观的。为了化解两国现存的因对历史文化的不同解读而造成的民间情绪对立和对对方国家的误读，两国民众都需要调整自己原有的认知，不要用先验的恶意去审视对方，而要在不断地接触、交流和互动中去

非物质经济概论

理解对方、尊重对方,在历史与文化的问题上做到"交叉承认"。这个例子体现的就是非物质经济"分享权"的特性和作用。

随着文化产业贸易的开放,"韩流"在中国早就不再新鲜,且受到广大中国人的喜爱。韩国在将自己的文化产品输入中国、让中国人民享用的同时,它不仅没有失去这些非物质产品,相反的,它极大地促进了中韩文化的交流和了解,避免了不必要的民族主义和历史文化冲突。这种共享性,在物质经济的产品身上很难做到的。韩国出产的车如果出口到中国,每多运送一辆,韩国国内就少一辆。

(四) 非物质经济的消费过程

消费环节对非物质经济产品来说更是与物质经济产品有本质的差别。物质产品在消费过程中,它的数量在不断地减少,价值在不断降低;而非物质经济产品在消费过程中数量在不断增加,价值不断在增加。

1. 物质经济的产品随着消费不断减少;非物质经济的产品,随着消费不断增加

物质经济中,经济增长和发展很大程度上依赖于物质资料和资源,导致我们一味地追求速度的高增长。但是,我们都要警惕,物质经济的产品随着消费会不断减少,一个面包,你吃完了一个就少一个;一辆车,你报废一辆就少一辆;一座建筑,因为地震而毁灭一座就少一座。

同样的,物质经济的产品所依赖的物质生产资料,也是随着消费在不断减少。曾经支撑起工业化生活方式的石油和其他化石能源正日渐枯竭,而以化石燃料为能源而开展的工业活动所导致的全球气候变暖也日益明显。物质经济所依赖的原料和所生产的产品,都会随着我们的消费不断减少。我们要在物质经济发展到一定阶段的同时,警惕物质经济的继续发展,而更多的去发展非物质经济和非物质经济产品,因为后者不会随着消费不断减少,反而会不断增加。用更多更好的非物质经济产品,去充实和丰富我们的生活,提高我们的幸福指数。

非物质经济产品不单纯地依赖物质资源和原料,虽然一些非物质产品

要以一定限度的物质资料为载体,它的产品并不会随着消费而减少,反而会不断的增加和提高它的价值。这里以中国艺术大本营之——宋庄艺术家群落的发展为例子,来说明非物质经济的产品是如何在消费过程中不减反增的。

宋庄,中国北京市通州区行政区划下的一个镇,位于通州区北部,距离北京 CBD 中央商务区 13 公里略显边缘的城郊处,总面积百余平方公里。作为中国国务院发改委批准的全国重点小城镇试点镇,宋庄的身份在悄然发生着转化。1994 年以来,随着大量画家的进驻,这里逐渐形成了中国乃至世界规模最大的当代艺术大本营——宋庄艺术家群落。

从一个并不是那么知名的小村庄,到第一位画家的入住,到 2002 年胡介报的文章《苏荷》对于个人梦想的激发。2005 年 10 月,首届中国·宋庄文化艺术节开幕,10 余万人次参观,展出 1000 多幅油画,50 多个绘画工作室对外开放,中国南北民歌擂台赛同期举办……对于这些非物质经济文化产品依托宋庄这个地方而让更多人消费后,这些非物质产品并没有减少,更不会降低价值,反而拉开了宋庄艺术家群落走向世界的序幕。一发而不可收拾的更多的艺术文化作品在宋庄生产、聚集、展示,代表着中国当代艺术的最新动态和发展趋势。2007 年,在宋庄小堡村,八家大型的民营艺术馆横空出世。宋庄的世界艺术中心之路由此发轫。而这仅仅是冰山一角,一个更为广大、更为具体、更为综合、同时也更为体系的发展脉络,与此同时也在浮出水面[①]。宋庄艺术群落概念的消费和使用,不仅没有减少宋庄艺术群落的价值,反而吸引更多的艺术家进驻,吸引更多的作品展出,艺术群落的概念不断加强,文化艺术产品不断增加,这些产品的价值也进一步得以提升。

2. 物质经济产品消费量越大,其价值在不断降低;非物质经济产品,消费量越大,它本身的价值在不断地提高

笔者还是以人气造就宋家庄的例子,来说明非物质经济产品如何做到

---

① 文化系统工程案例,中国,宋庄系列报道,社会系统工程网,http://www.SSEweb.net。

消费量越大，本身的价值将不断提高的。

当批评家栗宪庭和方力钧、岳敏君等艺术家，在上个世纪90年代初落户宋庄时，他们绝没有想到，有一天这里会因聚集了上千名艺术家，而被称为中国规模最大的艺术家群落；当黄永玉老先生在宋庄修建"侃亭"和"万荷塘"时，他也没有料到，一座占地600亩的万荷塘小镇将在这里拔地而起，黄永玉艺术馆也将坐落其间。

面积只有百余平方公里的宋庄镇，却在十几年间聚集了上千名来自全国各地的艺术家及相关产业的文化人士。镇上的47个村有12个村成为名副其实的"艺术村"，宋庄甚至成为中国当代艺术家走向世界的名片，也成为代表中国当代艺术及文化创意产业基地的旗帜和品牌。

在这里，杨明炀用意大利传统湿壁画技法制作中国古壁画复制品；梁长胜以佛教题材进行现代绘画创作；马子恒将京剧脸谱引入现代绘画；鹿林用油画颜料画现代水墨；夏小万借用切片技术以玻璃材料作画；罗氏兄弟在西方美术观念基础上，用漆画技巧处理艳俗商业文化题材……

20世纪90年代以来出现的"玩世主义"、"政治波普"、"艳俗艺术"等当代艺术的不同流派，在宋庄汇流成河，而后又成功融入了国际艺术潮流。"文化硅谷"是对宋庄如今境况的形象概括。一位从美国归来的画家想在北京举办画展，却找到宋庄艺术促进会请求借用宋庄的LOGO；落户宋庄的艺术家从2004年的400多人激增到2006年的1200多人；中国最大的动漫企业"三辰卡通集团"北京总部和制作基地也正式入驻。

随着"硅谷"效应的逐渐显现，宋庄也由最初单纯的艺术家聚集地，发展为原创艺术家、画廊经营者、批评家和经纪人等共同组成的艺术集聚区，形成集现代艺术作品创作、展示、交易和服务为一体的艺术品市场体系，相关的配套产业和服务行业以及基础设施也日趋完善。

和宋庄一样，北京的798、上海的周家桥、深圳的油画村、南宁的"邕州老街"、重庆的"坦克库"、乌鲁木齐的"七坊街"、武汉的"吉庆街"……这些不断涌现出的城市新"地标"，也昭示着文化创意产业的蓬勃兴起。人气造就了宋庄，宋庄又再度凝聚人气。宋庄的崛起不仅仅是一面文化旗帜的张扬，更是一个民族产业的兴起①。

除了文化产业之外，互联网行业中的"网络效应"也体现了非物质产品消费量越多、价值越大的特性。比如，一个社交网站的用户越多，对单个用户的价值就越大。如果我们的很多朋友都开始在用某个通讯软件或手机应用，这个软件或应用对我们的价值就越大。对互联网产品的开发商而言，越多的人使用它的产品，开发商就能通过一定的技术手段采集到越多的用户使用信息包括对产品的反馈，从而进一步对产品的性能进行改善和提升。谷歌等搜索引擎正是利用用户产生的数据不断对搜索算法进行调整和优化，使搜索结果越来越贴近用户的期待。从这个意义上讲，非物质经济，尤其是互联网经济，也是一种反馈经济，消费者在消费非物质产品的同时，其消费过程及用户信息能够生成数据反馈给生产者。而这些信息对于生产者来说，具有极大的价值。人们越发认识到，在"大数据"的时代，这些虚拟的、以非物质形态存在的数据将会是一切商业活动和竞争的核心。

二、非物质经济的特性

（一）共享性

非物质经济产品在使用过程中具有共享性的特点。这一点它和物质经济产品有巨大的区别。非物质经济产品通过分配、交换到消费者手里，消费者能得到对产品的分享权，而不能独自占有和消费。而这种独自占有、独自享受的过程，也不能与非物质经济产品的共享性所产生的效益相比。

非物质经济的共享性标志着合作时代的到来。物质经济和非物质经济是可以相互重叠的，物质经济以工业行为为特征，非物质经济以合作行为

---

① 李萌："创意产业，宋庄守着一座金矿——《中国·宋庄系列报道》之四"，《中国建设报》，2007年7月4日，第3版，社会系统工程网，http://www.SSEweb.net。

非物质经济概论

特征，具有共享性。如果说物质经济强调纪律和勤奋的价值，遵循自上而下的权威模式，注重物质生产资料以及私有财产的关系的话，那么，非物质经济的共享性，则决定了创新、互动、社会资本在非物质经济中的重要性，以及参与、开放、共享的核心价值。

笔者以互联网为例来考察非物质经济的共享性，及其带来的互利双赢的局面。网络时代的非物质产品的生产和消费代表了一个截然不同的商业模式。销售者和购买者之间的敌对关系被供应者和使用者之间的合作关系所取代；利己主义被利益共享所取代。与网络经济中体现出来的公开性和集体信任相比，狭隘的信息私有化显得黯然失色。

专栏 9-1　　　　　网络时代的合作经济

信息经济时代，网络同市场展开了激烈的竞争。互联网行业为代表的非物质经济的开放性共同体正在挑战独占性的传统商业运作。

以微软为例。微软作为一个传统的以市场为基础的公司，对其知识产权十分重视，但对 Linux 的出现并没有做好充分的准备。Linux 是第一个开源软件，这一软件由数千个程序员共同开发，他们将时间和才智无偿奉献给数百万使用者，为他们不断修正、改进代码。对开放性源代码的所有改动、升级都是公开完成的，向 Linux 的每一个使用者免费开放。目前，已经有数百家公司加入这一合作网络之中，成为其不断增长的程序员和使用者中的一员，包括谷歌、IBM、美国邮政和康诺克等商业巨头。

再来看维基百科。发动世界各地的数万个职业或业余的学者的集体智慧，共同努力，为每一个可以想到的词条、题目编写介绍性的文章，这一设想在 20 年前根本就是天方夜谭。更难以置信的是，维基百科英文版已吸引了超过 350 万个编辑者参与编写，其信息量几乎是大英百科全书的 30 倍。更让人惊叹的是，有数万人对事实和参考文献进行了校队，使其拥有可与传统百科全书相比美的准确性。而所有的作者和校对者都是无偿提供他们的劳动。今天，维基百科的访问量高踞所有互联网站的前列，每天吸引着全球13%的网民用户。越分享，越吸引众人参与，维基百科的精准性就越强，价值也就越大。

音乐、视频、医疗信息、旅游信息和其他数千种共享网络也日益普及。谷歌等扁平化搜索引擎和Facebook、MySpace等社交网站已经改变了很多人的工作、休闲和社会交往的方式。拥有成千上万参与者的数以万计的社交网络在过去15年中如雨后春笋般涌现出来，为非物质经济产品的共享、创新和发展提供了一个新型的分配、合作平台。共享就是推动其发展的核心动力之一。总而言之，共享性并不会减少非物质经济的产品的价值，反而会因为使用分享的人多，而增加非物质经济产品的价值。

资料来源：【美】杰里米·里夫金著，张体伟、孙豫宁译：《第三次工业革命——新经济模式如何改变世界》，中信出版社2012年版，第118-119页。

非物质经济产品的共享性还体现在集群上，特别是文化产业集群。近年来，文化产业逐步呈现出群聚特点。比如，韩国政府规划了10多个文化产业园区，10个传统文化产业园区和数个综合文化产业园区。将从事相关文化产业的企业集中到一起。创意企业之间相互切磋学习，从业者定期举行洽谈会，分享创意经验。地理位置的接近，从事领域的相似，创意成果会被迅速关注，并得到广泛传播。而作为非物质经济的创意成果被关注、被分享、被传播，不仅不会导致创意创造者自己失去这个创意，反而会让更多的人知道和享受这个创意，让这个创意的价值不断提升。同时，企业在对优秀创意的模仿、思考和进步中，也可以不断提高创意的水平，进而实现对现有创意的超越，产生更大的价值。

（二）多功能性

物质经济产品的功能一般比较单一，功能太过复杂，反而会影响产品的稳定性和吸引力。非物质经济产品是解决人们"望闻思乐美"和创造提

非物质经济概论

升物质经济价值的经济活动，它具有多功能性的特点。一件非物质产品可以是电视、电影，也可以是戏剧、网络、信息。下面将以 Google 经济为例来看一下非物质经济是如何实现多功能性，来解决人们"望闻思乐美"和创造提升物质经济价值的。

Google 的创立者和主管们对互联网带来的变化有着深刻的理解，他们经营的这个公司被誉为"世界史上发展速度最快的公司"。[①] 他们看到了不同的世界，做出了不同的决定，那些在传统物质经济活动中看似违反常理的决定，在非物质经济时代却能够开花结果。

专栏 9-2　　Google 经济之新建构：成为平台

网络是建立在一定平台上的，因特网就是一个平台。例如 Google，以及提供照片服务的 Flicker 网站，提供博客服务的 WordPress.com，提供支付服务的 PayPal，提供自行出版服务的 LuLu.com，提供商业软件服务的 Salesforce.com。这些网站都提供了一个服务平台，帮助别人创造价值。

Google 有很多的平台：Google 的博客提供了信息发布的服务平台；办公套件和谷歌日历提供了办公协作服务的平台；YouTube 提供了视频服务平台；Picasa 提供了照片服务平台；其分析工具提供了网络流量追踪服务平台；网上论坛提供了社区交流服务平台；广告联盟插件提供了广告服务平台。

在传统的集权式、控制型商业模式中，Google 地图会成为用户们可能使用的一种产品，Google 可以把用户再转卖给广告商。这是物质经济思维模式下假设 Google 想保持控制权的情况下可能出现的结果。但是 Google 突破了物质经济的传统思维，看到了非物质经济思维模式

[①] 【美】杰夫·贾维斯著，陈庆新、赵艳峰、胡延平译：《Google 将带来什么？》，中华工商联合出版社 2009 年版。

下更大更多的功能模式,把控制权交给了每一个用户。Google 公开了地图源码,以便于其他人能在这个基础之上开发新产品。这种开放性孕育出了无数类似于"混搭"的新应用程序。在 2007 年 6 月的《连线》杂志上,梦工厂的三维动画程序员保罗·拉特马赫公布了混搭的地图。早在 2004 年,当拉特马赫在旧金山寻找公寓的时候,他手里拿着一大摞打印出来的克雷格网络广告和地图,他意识到,应该像第一个把花生酱和巧克力混搭起来的那个人一样,把广告和地图组合起来。他发现他可以利用 Google 提供的地图源码,把广告列表和地图组合起来。8 周后,他公布了演示版本,一天之内就吸引了数千用户。"我没有想到会取得这么大的反响,我只是想提供一些有用的东西",拉特马赫说。

开放的 Google 地图作为一个平台,不仅孕育出优秀的应用程序,而且孕育出全面的商业服务。手机服务公司把 Google 地图植入到手机中,为手机用户提供方便快捷的地图服务。

所有这些人性化的服务和信任,都极大的提高了用户的体验,满足的不仅仅是物质经济的功能,还有非物质经济的"望闻思乐美"等多项功能。

Google 给我们的商业启示是:作为平台我们能做什么?别人能在你这个平台上做什么?怎么能为这个平台增添价值?用户能从中汲取多少价值?如何创造一种开放的标准,甚至让竞争对手也能使用它来为你的平台做出贡献,达到双赢?

资料来源:【美】杰夫·贾维斯著,陈庆新、赵艳峰、胡延平译:《Google 将带来什么?》,中华工商联合出版社 2009 年版,第 24~28 页。

(三)耐用性

非物质经济产品不像物质经济产品在使用上有生命周期的制约。非物质经济产品不以物质的形态而存在,而是借助物质的载体而发挥作用,所以它的耐用性、传承性较强。随着时间的推移,它的内容可以不断地被更

非物质经济概论

新和增加,价值也在不断增加。基于这些特点,非物质产品具有持久性,这一生命力使它更具有了超强的耐用性。

我们仍用宋庄的例子来阐释非物质产品的耐用性特征。正如宋庄艺术家胡介报所说,"用我们当代人的努力,大力发展文化创意产业,打造百年以后的文化遗产"。① 这既是宋庄艺术家编织的梦想,也是他们在创造的现实。宋庄十几年的发展已经基本形成了世界闻名的品牌,为艺术品交易和产业的发展提供了支持和保障,并且在聚集上千名艺术家的同时,形成长期稳定的艺术创造积淀,历久弥新,经久不衰,文化长存,精神永在。

宋庄这个京郊小镇,已经成为文化创业产业这个新的支柱产业舞台上的主角之一。它的原创艺术在融入世界文化创意产业的过程中,它在为原创艺术提供融入世界文化创意产业的过程提供舞台的时候,不仅不会耗损它的价值,反而会更大的提升它的价值。作为一个概念,作为一个精神,作为一个标志,作为一个象征……非物质经济产品的耐用性在宋庄的文化产业中得到了很好的体现。

(四) 不易灭失性

非物质经济产品由于其特殊的生产、分配、交换和消费方式,造就了它不易灭失的特性。物质经济的产品在消费过程中在逐渐被消耗,具有一定的产品使用期限。加上自然环境、天灾人祸、自身内变和消耗,使它难以长久的存续。而非物质经济产品由于自身生产形成的特殊方式,决定了它具有不易灭失的特性。而且这种特性随着时间的磨炼反而能使它更具生命力,更有丰富的内涵。

非物质经济的产品,不像一双用来穿着的鞋或者一幢用来安身立命的楼房,随着时间岁月的侵蚀,会变形,会消耗,慢慢失去它的价值和被人们所遗忘。相反的,非物质经济的产品,包括文化创意产业,其产品不依

---

① 李萌:"创意产业,宋庄守着一座金矿——《中国·宋庄系列报道》之四",《中国建设报》,2007年7月4日,第3版,社会系统工程网,http://www.SSEweb.net。

托具体的物化，或者不是简单的依赖物体形式存在的，不会随着使用而在岁月中灭失，反而在岁月的经历中历久弥新，越发有感觉。

以非物质经济产品中的文化创意产业为例。文化创意产业是在经济全球化背景下产生的以创造力为核心的新兴产业，强调一种主体文化或文化因素，依靠个人或团队通过技术、创意和产业化的方式开发、营销知识产权。涉及到的行业部门繁多，包括广播影视、动漫、音像、传媒、视觉艺术、表演艺术、工艺与设计、雕塑、环境艺术、广告装潢、服装设计、软件和计算机服务等。

在日常消费领域，例如可口可乐、麦当劳、迪斯尼等世界知名品牌和概念，也是非物质经济的产品。对这些企业而言，其品牌具有的价值已经远远超过了其固定资产的价值。这些非物质产品可以穿越时空，穿越社会、文化的边界，同时也是不易灭失的。

> **专栏 9-3　　　　　　迪斯尼集团**
>
> 笔者以迪斯尼为例，来说明非物质经济产品的不易灭失性。我们知道，迪斯尼集团不仅生产发行了风靡全球的《米老鼠与唐老鸭》等卡通作品，还将这些卡通形象做成玩具、服装，建造迪斯尼乐园，从事多种形式的非物质产品的开发。在非物质经济概念指导下，迪斯尼的许可产品一年在全球的零售达1120亿美元，其中290亿元来自娱乐人物形象，产品包括玩具、服装、电影、电视等等。
>
> 非物质经济产品由于它的特殊的生产过程和特殊的分配方式及交换消费方式造就了它的不易灭失的特性。文化创意产业的产品，依靠的是人，最核心的就是人的创造力的释放和解放。迪斯尼集团旗下产品所蕴含的文化元素、概念和精神，不会像物质经济的产品一样随着人们的消费随时即可灭失，不会受自然环境、天灾人祸、自身内变和消耗的影响。相反的，这些非物质经济产品在顺应时间环境变化的再创造过程中日久弥新，更加具有生命力。

三、本章小结

本章论述了非物质经济的生产、分配、交换、消费的过程以及非物质经济产品的特性。认真把握这些特性，可使我们在应用非物质经济的发展规律和特性时不偏离方向，使非物质经济生产能更好地为人类经济活动服务，使人们能生活得更幸福、更安逸、更愉悦。

总之，非物质经济理论不但对非物质经济发展起到不可替代的推动作用，更能在经济运行中起到战略指导作用。但到底该如何发展非物质经济，非物质经济又有哪些战略使命？笔者在下一章"非物质经济的战略使命"中将作具体分析。

第10章 非物质经济的战略使命

只要一个时代的使命没有完成,谁也不会认为这个时代已经结束。

——约·胡克

一直以来,人类社会是依靠掠夺自然的方式得以发展。这种野蛮生产方式引起了全球性生态危机,给人类可持续发展带来了严重威胁,迫使人类急切需要寻求一种新的生存空间,以减少对自然资源的依赖。甚至有人提出向月球和其他星球移民,而这只能是人类美好的设想而已。非物质经济的发展和壮大将为人类营造出一个反物质生存空间,改变整个社会生产方式和社会再生产过程,不仅实现了资源节约,又能对经济资源实行重新整合和配置,以期达到资源配置的帕累托最优,使人类可以相对更少的实物资料实现更快的经济增长。使经济在更高水平上可持续增长成为可能[①]。

一、发展非物质经济是各国产业结构升级的必然要求

中国凭借其人口规模及国土、埋藏丰富的资源,将经济资源集中投入到制造业中,并最终发展成为世界规模最大的制造业大国。从21世纪初开始,中国频频被外国称为"世界工厂",正是由于以沿海地区为中心的出口型制造业的发展及迅速壮大。然而随着物质经济不断发展,这种粗放型的经济增长模式已经暴露出种种弊端,技能人才瓶颈、知识产权瓶颈、资

---

① 满莉、满斌:"非物质经济增长的理论探讨",《商场现代化》,2006年第26期,第359页。

非物质经济概论

源环境瓶颈问题凸显,产业结构升级已经成为当务之急。

经济发展不只是规模、速度的问题,更主要的是质量、结构的问题,其中最主要的是产业结构的水平和形态。因此,如何促进产业结构水平提高和形态转换,是加快经济发展方式转变的关键。不可否认,促进的方法和途径很多,但结合产业结构发展趋势,从长远发展和深远意义考察,发展非物质经济是促进产业结构调整的最佳选择,原因主要有以下两点[①]。

首先,发展非物质经济能较快引起产业结构向服务型转变。它能够使具有社会价值的非物质资源成为具有经济价值的生产要素,参与到生产、交换、分配与消费之中,因而产业本身就成为整个产业结构、经济结构的组成部分,直接创造财富,改变国内生产总值的构成。

其次,发展非物质经济有助于引导就业结构优化。中国正在经历一场从劳动密集向技术密集的产业转型,社会就业压力普遍较大,而非物质经济所要发展的产业具有广泛吸纳各类社会劳动力的特点和优势。

非物质经济是以高科技知识产业为主导产业的经济,不仅提高经济增长的质量,而且加快人均收入水平的提高,从而导致了社会生活条件的改善和消费方式、消费结构的变更。因此,非物质经济不仅创造了较高的增加值和经济效益,其较高的收益也将吸引更多的社会投资,为更多的企业诞生提供了可能,与此同时它还创造和增加劳动力就业,特别是对脑力劳动者的吸纳数量迅速增加。目前,无论是在中国还是在世界范围内,休闲娱乐、文化旅游、网络服务、金融证券、广播电视、动漫创意等服务行业都已成为就业人数增长较快的领域。

科技发展迅速,促进了产业结构调整。由于研究和开发活动积极活跃,使新知识、新技术、新产品不断涌现,科技进步越快,产业结构调整的速度就越快。全球经济一体化,推动了产业结构调整。经济的高速发展,必然加快各类要素、商品在国际间的流转速度,促进进出口贸易的发展。

---

① 陈忞:"文化产业发展对产业结构调整的作用",《长沙晚报》,2011年1月28日。

二、发展非物质经济是世界各国提升软实力的内在选择

我们所处的时代是全球一体化的时代,世界经济的发展日益呈现出脱离有形实体的"脱物化"倾向,以无形因素为核心体现的软实力地位日益提升。而且,这种强调经济投入为主的硬实力更容易受国际市场波动的影响,表现为波动性过大的经济周期,不是长期相对稳定并可赖以发展的可持续竞争力。相反,以文化、生活环境、居民整体素质和休闲消费氛围为代表的软性竞争力的重要性日益提升。同时,软实力是短期内难以复制的,而硬实力则相对容易复制,从某种意义上来说,软实力是比硬实力更为重要的核心竞争力。以文化力为核心体现的软实力将成为一个国家和一个区域参与国际竞争的长期竞争力[①]。

"软实力"是相对于一国的经济实力、科技实力、军事实力、资源实力等"硬实力"而言的。"软实力"概念最早由美国哈佛大学教授约瑟夫·奈提出。在他看来,软实力就是通过吸引而非强制或者利诱的方式改变他方的行为,从而使己方得偿所愿的能力。构成软实力的有三种主要资源:文化、政治价值观及外交政策。从这个意义上说,软实力体现为一国的文化、价值观念、社会制度、发展模式、外交策略等的国际影响力与感召力。

资本、劳动力和技术是经济增长的三大源泉。物质资本的积累、人力资本的不断提高、劳动力供给的增加以及技术的进步都能够极大地提高经济增长水平。从"软实力"所包括的各项内容,我们可以清楚地看到,对非物质经济的开发利用和提升本身除了能够直接创造价值外,还能够通过提升一个国家的软实力,间接产生多种积极的经济效应,从而影响生产要

---

① 张允春:"经济'软实力'的内涵分析与策略研究",《China's Foreign Trade》,2011 年第 14 期,196 页。

非物质经济概论

素的积累水平和增长水平，对经济增长产生重要的影响①。

1. 软实力的一个重要特征之一是可以将无形的精神产品，以物化的形态直接创造价值

例如，文化产业、创意产业以及地区特有的人文资源所形成的旅游资源都可以直接在市场中实现自身的价值。文化是"软实力"资源中的核心要素（即在建立指标体系时往往赋予较高的权重）。一个民族和另一民族和谐相处，首先是文化的认同，武力是解决不了问题的。武力只能达到阶段性成果，而文化认同则是长久的持续的。特有文化的精神产品如影视作品、文学作品、音像制品等都可以直接在市场上实现其价值，从而成为经济增长和产值增加的重要组成部分。如韩国政府自1999年开始的努力，已经使韩国的影视剧、动漫、网络游戏等文化产品成为国民经济增长的一个重要支柱，其中韩国动漫业产值已占全球的30%。且伴随影视剧的热播，旅游市场创造的产值也迅速增长②。2010年，美国电影大片《阿凡达》风靡天下，以一种科幻的、星际的、人造生物的元素吸引着全球眼球，掀动着人们强烈的文化消费和体验欲求。这个电影直接影射了美国后工业、后现代社会的宏大主题，借用了新经济发展以及美国太空探索、基因工程、数字模拟技术等社会发展的前沿成果。"精神文化生产作为人类社会生产活动的重要组成部分，是受到社会生产力制约的，社会生产力的水平决定了文化生产的水平和满足社会的精神文化需要的程度。"③

中央十七届六中全会高度强调，要增强国家软实力，弘扬中华文化，努力建设社会主义文化强国。增强国家软实力是一项系统性的社会工程，需要各种要素禀赋在共同目标的引导下、在科学合理的结构中，相互关联

---

① 张晖明、张亮亮："'软实力'的经济效应分析"，《复旦学报：社会科学版》，2008年第4期，第89页。
② 张晖明、张亮亮："'软实力'的经济效应分析"，《复旦学报：社会科学版》，2008年第4期第89页。
③ 柯可著：《文化产业论》，广东经济出版社2001年版，第80页。

相互促进，实现国家文化软实力的整体性和持续性发展①。

文化产业是产生于社会系统之中的，在现实中，经济的发达繁荣会为文化的竞争力和吸引力提供更高的势能，成为影响文化认同感和凝聚力的重要砝码。文化势能是文化借助于其他相应的经济政治水平及其所在社会环境，"在人们的心目中衍生的放大了的主观效果，是人们进行文化比较和评价中的客观现象"②。在这样的逻辑中，文化产业的规模大小、实力强弱，就直接影响到人们对于一个国家文化水平和影响力的评价。随着网络化和信息化的不断发展，动漫游戏、数字电影、网络视频、移动多媒体广播电视、公共视听载体、数字出版、手机出版等新的文化业态不断出现，文化产业的具体种类日益丰富，涵盖的领域也不断扩大。实践证明，新兴文化产业已成为全球经济文化一体化进程中新的增长点，成为推动经济结构调整、转变经济发展方式的重要力量，成为推动一个国家实现社会繁荣和文化繁荣，进而增进人们的理解、认同和向往，增强国家文化软实力认同的重要砝码。

2. 非物质经济能够通过激励动力效应提升软实力，从而促进经济总量的增长

文化具有两个重要特征：一方面作为商品，可以直接在市场创造价值；另一方面，它也影响人们的价值观、职业操守等要素。具有凝聚力的文化能够形成一个国家、地区和企业内特有的价值观和凝聚力量，诚信、尽职等素养的提高能更有效地解决"道德风险"问题、委托代理问题等。这是因为代理人及个体的努力程度不仅受最优的激励契约的影响，还受到道德以及价值观的约束和激励，这种约束和激励能够改变代理人和经济活动个体的效用函数，从而最终成为另一种重要的激励。精神激励虽然不能够准确地度量，但通过整合和塑造文化资源，能够使整个激励机制更加有

---

① 赵学琳、陆静："文化产业增强国家文化软实力的机能分析"，《中国特色社会主义研究》，2011年第6期，第29~34页。

② 赵学琳、陆静："西方文化强势地位的结构理析与现实启示"，《内蒙古师范大学学报：哲学社会科学版》。

效,从而作为一种内部激励机制,提高生产效率,促进技术的进步。

再次,非物质经济能够提升"软实力"的集聚整合效应从而促进经济增长。[①] 实践证明,政府政策的信誉、政府工作效率的高低以及政策的公平和透明程度等,对生产要素的流动有重要影响,制度经济学对此已有许多成熟的研究和分析。而高质量的教育资源在提供技术支持和创新的同时,本身也可以通过其信号的作用,吸引相应的资本等要素与之匹配。同样,具有社会凝聚力的价值认同、社会主体间良好的信任感和责任感等都会对吸引人才和资本等要素的聚集起到促进作用。"软实力"最终可以通过良好的投资形象、投资环境和投资条件,推动生产要素的聚集和流入,从而通过集聚效应推动资本、技术等要素的积累和集聚,对产值和经济的增长产生关键的促进作用。特别是当处在相近的自然地理条件、基础设施条件和其他发展背景下,"软实力"便成为集聚要素的关键变量。管理者自觉地关注和重视软实力因素的培育和运用,能够有效地整合硬实力与软实力资源,形成综合竞争能力,对产出造成"乘数"效应。

3. 非物质经济还可以为"软实力"提供创新推动力

现代经济的典型特征就是知识密集型经济增长,创新是一个国家和地区经济长期增长的不竭动力,也是导致经济增长快慢的主要原因。在整合"软实力"资源中,对高等教育资源、科研资源的侧重将有助于为社会生产提供充足的智力基础,通过提升人力资本水平和科研水平为增强创新能力提供前提条件;而适宜创新的制度性资源和创新环境,包括政策支持、信任的市场氛围、成熟的产业集聚,将为创新能力的增强提供充分的平台和发展环境。因此,对"软实力"资源的有效集聚整合能够间接提升本地或企业的创新水平和产业水平,增加产品附加值,进而推动经济高速增长。

4. 非物质经济还能够通过品牌放大效应提升"软实力"

[①] 张晖明、张亮亮:"'软实力'的经济效应分析",《复旦学报:社会科学版》,2008年第4期,第89页。

品牌形象包括能被"软实力"的受众直接感知的代表性人物、代表性物品和代表性事件等。例如,北京"奥运"、上海"世博会"都是向世界和其他地区展现良好城市形象的有效方式。好的品牌形象可以增强受众的信任感和唤起合作决策的信心,对投资决策者的判断产生直接影响。一方面,可以通过知名度的扩散,吸引相关高质量生产要素的流入,提高产品品质和技术含量,从而增加产品的附加值;另一方面,知名度的扩散也将为国家、地区和企业的产品拓展需求市场,从而不仅享有本地市场所带来的收益,也将逐步通过良好的品牌效应,参与国际市场的竞争,相应提高产品的国际竞争能力。

三、发展非物质经济是提升民众幸福度的最佳途径

哲学上认为,幸福是人类行为的终极目的,它不仅有层次和境界之分,而且层次和境界愈高,幸福感愈强。非物质经济直指人的精神需求,它与个人快乐或幸福之间存在着一种必然的联系——发展非物质经济能够率先实现从"GDP崇拜"到"GNH(Gross National Happiness)关怀"的转向——因此其发展方向直接关系到文化乃至人类的未来①。

20世纪70年代,不丹国王根据"政策应该关注幸福,并应以实现幸福为目标"的思想,提出国民幸福指数(GNH)这个概念。如果说"生产总值"体现的是物质为本、生产为本的话,"幸福总值"体现的就是以人为本。在这种执政理念的指导下,不丹创造性地提出了由政府善治、经济增长、文化发展和环境保护四级组成的"国民幸福总值"(GNH)指标②。

完全受经济增长左右的政策往往使人陷入物欲的陷阱,不丹国的做法却为世界上大多数深陷物欲泥潭的国家指引了新的方向。不丹在40年以前

---

① 唐珍名、肖冬梅、柳礼泉:"提升幸福:文化产业发展的重大使命",《光明日报》,2011年第10月23日。

② 孙洪敏、沈殿忠:"将国民幸福指数纳入政府绩效指标体系",《社会科学战线》,2011年第12期,第155~162页。

非物质经济概论

还处于没有货币的物物交换的经济状态之下。但是它却在"国民幸福总值"远比国民生产总值重要得多的理念下一直保持较高的经济增长率,现在已经超过印度等其他国家,在南亚各国中是国民平均收入最高的国家。许多去不丹旅游过的人都会异口同声地说,仿佛回到了自己心灵的故乡,不丹给世界人民展示了许多高深莫测但令人向往的东西。

改革开放以来,中国经济社会发生了巨大变化,但中国民众的幸福感与物质财富的增长并不完全同步。出现这种现象,一个很重要的原因在于,经济转型中复杂多样的社会矛盾导致了人们幸福感的降低。受某些不良社会风气的影响,心灵空虚、心态浮躁等负面情绪在一定程度上导致部分人精神财富相对缺失,幸福指数下降。因此,判定一个社会的幸福程度,除了看物质层面,还要看精神层面。离开精神文明层面,就不会有真正的幸福社会的来临。构建幸福社会,不但要摆脱物质的空虚,更要摆脱精神的空虚[1]。2012年中国"两会"即将召开之际,中国光明日报社联合中国人口福利基金会共同举办幸福文化价值观建设理论研讨会,会议邀请了哲学、社会学、心理学、经济学等各方面专家学者,以及在"幸福文化价值观"建设上开展实践的政府、企业和其他社会组织领导,共同探讨在中央十七届六中全会提出的文化大发展大繁荣的目标下,幸福文化价值观如何建立,幸福文化如何繁荣,幸福产业如何发展等问题。2012年12月,第二届中国国际积极心理学大会在北京清华大学召开。众多来自国内外的心理学界领袖级专家、顶级学者,齐聚一堂,共商"幸福"大事,大会围绕"积极心态成就幸福中国"的大会主题展开了积极的交流与热烈的探讨,并得到了媒体及社会各界的广泛关注[2]。由此可见,中国政府对于如何提升民众幸福度的问题非常重视,也意识到发展非物质经济是解决问题的最佳途径。

---

[1] "专家座谈热议'幸福'强调幸福文化价值观建设",《中国新闻网》,2012年第2月22日,http://www.chinanews.com/gn/2012/02-22/3687606.shtml。

[2] "中国国际积极心理学大会召开",中国商报网,2012年11月23日,http://www.cb-h.com/news/gdsb/2012/1122/121122761J99D39DBA75291html。

四、发展非物质经济是应对老龄化社会的有效方式

21世纪是人口老龄化的时代,中国人口老龄化快速发展的趋势备受世界关注,主要表现在以下四个方面:

第一,中国老年人口的规模世界第一。国际上通常把60岁以上的人口占总人口比例达到10%,或65岁以上人口占总人口的比重达到7%作为国家或地区进入老龄化社会的标准。根据2011年4月28日第六次全国人口普查主要数据发布结果显示,中国60岁及以上人口占13.26%,比2000年人口普查上升2.93个百分点,其中65岁及以上人口占8.87%,比2000年人口普查上升1.91个百分点。中国人口年龄结构的变化,说明随着中国经济社会快速发展,人民生活水平和医疗卫生保健事业的巨大改善,生育率持续保持较低水平,老龄化进程逐步加快。2011年,中国60岁以上老年人已经达到1.72亿,占全球老年人口的23.6%①,是全球唯一的老年人口超过1个亿的国家。

第二,中国的老龄化速度世界第一。"十二五"时期,中国将迎来第一个老年人口增长高峰,年均增加860万左右,预计到"十二五"期末,全国老年人口将达到2.21亿,占全国总人口的16%,2021年到2035年,中国将出现第二个老年人口增长高峰,年均将增加1100多万,根据联合国公布的数据,2000年,中国老年人口比重与世界平均比重大体相同,均为10%左右。到2010年中国上升了3.3个百分点,而世界平均数则上升了一个百分点。预计未来40年,世界老年人口的比重将上升10.8个百分点,而中国将上升21个百分点,中国老龄化的速度比世界的平均速度要快一倍多。

第三,中国解决老龄化问题的难度大。中国"未富先老",即在经济

---

① 华建敏:"中国老年人口的规模世界第一 老龄化速度世界第一",中国网络电视台-新闻台-新闻中心:2012年7月1日。

非物质经济概论

尚不发达的情况下进入老龄化社会,应对老龄问题的经济基础还很薄弱。人口老龄化快速发展,一方面将导致长期以来推动中国经济平稳较快发展的人口红利逐步减少乃至消失;另一方面,将导致社会用于养老方面的支出大幅增加,这对社会再生产带来了直接影响,这个影响一定不会小。如果处理不当就会拖累中国现代化建设的进程,与西方的发达国家相比,短期以内我们需要解决的问题更多、困难更大。

第四,中国老龄人口的健康生存状况堪忧。中国在经济高速发展时期由于一味追求GDP的高速增长,忽视了环境保护、劳动者福利保护,致使参与中国制造和中国建设的劳动力长期在恶劣环境中工作而得不到保护,因而造成老龄人健康状况恶化,给中国后期发展带来难以估量的损失,需要中国政府花巨大的气力来应对。

20世纪90年代,在全球化到来、福利国家面临新旧双重危机、传统的左派与右派都无法解决福利国家危机的背景下,英国学者安东尼·吉登斯提出了自己的积极福利思想。在其福利思想的框架下,他特别针对老龄化问题提出了自己的主张。其主张的核心就是把老年人当成一种资源而不是负担,并且逐步废除固定的退休年龄[①]。

为解决老龄化所带来的社会问题,中国政府提出了"老有所养、老有所医、老有所教、老有所学、老有所为、老有所乐"的目标。相比起来,前三项是比较基础的目标,而后三项较难达成的目标中,都可以通过发展非物质经济得到解决。为达成老有所学,需大力发展非物质经济中的教育产业以填补空白;想做到老有所为,非物质经济建设的方方面面都有老人们施展才华的天地;要做到老有所乐,非物质经济中的娱乐产业则功不可没。

1999年是国际老人年。在这一年的世界卫生日,世界卫生组织提出了"积极老龄化"的口号。积极老龄化的思想理论观点,是国际社会理论界

---

① 马红:"吉登斯的老年人福利主张对中国老龄化问题的启示",《法制与社会》,2009年第3期,第221页。

积极应对世界人口老龄化问题,进行理论和实践探索的结晶。所谓"积极老龄化",世界卫生组织指出:"积极"是指不断参与社会、经济、文化、精神和公民事务,不仅指身体的活动能力或参加体力劳动的能力。从工作岗位上退休的老年人和那些患病或残疾人仍能对其家庭、地位相同的人、社区和国家作出积极的贡献。积极老龄化的目的在于使人们认识到自己在一生中能够发挥自己在体力、社会、精神等方面的潜能,按自己的权利、需求、爱好、能力参与社会活动,并得到充分的保护、照料和保障。这些人才完全可以通过各种方式组织起来,继续为社会创造财富。使老年人能够保持身体健康,提高预期寿命;积极参与社会活动,继续为社会作出贡献;保障生活质量,提高生活水平。积极老龄化要求国际社会以积极的态度主动去应对人口老龄化,提出应对措施,采取积极行动,使社会保持活力,实现和谐发展。

一方面,从价值创造的角度来看,60岁并非是必须要社会负担的年龄分界线,相反,还可以为社会创造新的价值。经验也是非物质经济的范畴。从人生经验的积累来看,60岁的人正是到了"耳顺之年",步入了智慧成熟的阶段,依然可以对年轻人多有教益,如科学型人才、技术型人才、知识型人才、管理型人才等,他们对于社会的价值创造并不会因为其达到了60岁的年龄而有所减少。这些人才完全可以通过各种方式组织起来,继续为社会创造财富。积极参与社会劳动,不仅能为社会创造财富,还能大大提升老年人的自身价值,为其继续创造社会财富奠定基础,也为其参与社会消费提供保障[①];另一方面,当老年人发挥自己的专长,赚取丰厚的社会财富后,其对健康的消费潜能将被大大开发,进一步实现了非物质经济对物质经济的拉动作用。

推动经济发展的动力主要有两种:一为生产,二为消费。老年人参与社会创造财富即为生产,根据老年人自身的特点,该生产更适宜于在非物

[①] 徐沁、周红梅:"积极老龄化视角下的'银发经济'探析",《重庆邮电大学学报:社会科学版》,2010年第11期,第22页。

非物质经济概论

质经济领域展开,进而为了自身的需要而产生消费。只有生产和消费实现良性的互动,经济才可能实现良性的高效运转。国家对发展非物质经济的保障和支持就是实现老年人生产和消费良性互动的润滑剂,也是促进"银发经济"的内在动力。

以上海为例,由于上海已进入老龄社会,因此老年文化产业就成为其中相当重要的组成部分。老年文化产业属于银发经济,涉及方方面面。发展老年文化产业能有效拉升上海经济,拉动内需,提供就业岗位。

老人一般离退休后均有退休工资,根据统计,上海市60岁及以上老年人领取城镇基本养老金的人数共计226.99万人,占老年人口的68.6%。老人们能独立生活而不依赖子女养老,倒是反过来常常补贴子女买房或帮带孙子女。由于大批老人有富余的钱,所以他们的文化需求也比较强烈。据街道有关部门调查,老年人经常的文化娱乐活动是在老年活动室开展下棋、看书报、打扑克、搓麻将、健身、打乒乓、书法等。一些妇女喜欢早晚在广场或社区开阔地跳舞,家庭养花,弹钢琴等,还有一些喜欢到公园打拳、唱戏、摄影。但更多的人是经常出去旅游、看电影、听音乐会、听相声、参观博物馆等。老人们相信只有腿健才能身健,所以大部分老人喜欢走动。老年文化活动很大的一个问题是缺乏专人指导,急需相关的中介或组织者,为其提供更加周到细化的服务。

根据2011年上海老年大学新一届秋季班开学时的统计数据,尽管今年新招了1.2万名学员,突破了学校的容量极限,但还是有数千名银发求学者被"挡"在门外,上海可供老年人接受继续教育的学校并不少,约有260多所,遍布全市各区县。除了开设100多门课程的上海老年大学,还有上海市退休职工大学、上海老龄大学和上海老干部大学3所。但很多"懂行"的老人就看中上海老年大学。因为师资好硬件好,区县级和社区的老年学校,无论硬件还是师资,都不能满足许多挑剔的老人的要求①。

---

① "加快培育拓展老年文化产业",上海政协网政协首页 - 议政献策 - 提案选登:http://shszx.eastday.com/node2/node4810/node4836/node4838/u1a51257.html。

在发展非物质经济的过程中，着重根据老人的需求开发相关产业，不仅有助于国家经济的发展，对老年人的健康长寿更是裨益多多，可谓一举多得。此外，国家对于相关企业也有非常优厚的政策支持，如在税收政策上，"自工商注册登记起，将免征3年企业所得税；试点文化集团的核心企业对其成员企业100%投资控股的，经国家税务总局批准后可合并缴纳企业所得税。非营利性的老年文化服务机构，报税务机关批准后，可暂免征收企业所得税。通过非营利的社会团体和国家机关对福利性、公益性青少年活动场所和老年文化服务机构的捐赠，在缴纳企业所得税和个人所得税时准予全额在税前扣除"①。

五、发展非物质经济是实现循环经济的必经之路

"循环经济"一词是物质闭环流动型经济的简称，是以资源的高效利用为目标，以"减量化、再利用、资源化"为原则，以物质闭路循环和能量梯次使用为特征，按照自然生态系统物质循环和能量流动方式运行的经济模式。它要求人类在社会经济中自觉遵守和应用生态规律，通过资源高效和循环利用，实现污染的低排放甚至零排放，实现经济发展和环境保护的"双赢"②。

美国经济学家肯尼思鲍尔丁在1966年所写的一篇著名论文《即将到来的宇宙飞船经济学》中认为，如果人类想获得永久的可持续经济发展，就需要重新定位。鲍尔丁提出的"宇宙飞船理论"可以作为循环经济的早期代表。还在环境运动兴起的初期，鲍尔丁就敏锐地认识到必须进入经济过程思考环境问题产生的根源。他认为，地球就像在太空中飞行的宇宙飞船（当时正在实施阿波罗登月计划），这艘飞船靠不断消耗自身有限的资

---

① "部分文化企业将免征所得税3年"，《新华每日电讯》，2005年8月10日，http://www.chinatax.gov.cn/n8136506/n8136608/n9948163/10032982.html。

② 谢芳、李慧明："非物质经济——实现循环经济的关键"，《资源节约与环保》，2006年第3期，第32页。

非物质经济概论

源而生存。如果人们的经济像过去那样不合理地开发资源和破坏环境，超过了地球的承载能力，就会像宇宙飞船那样走向毁灭。因此，要求以新的"循环式经济"代替旧的"单程式经济"即"资源—产品—污染排放"单向流动的线性经济。

循环经济的三个操作原则为减量化原则、再利用原则、资源化原则，简称"3R原则"。每一个原则对循环经济的成功实施都是必不可少的，而这三个原则都可以通过发展非物质经济来实现。

非物质并不是指完全不使用物质及能源，而是指试图实现最大限度地节省资源和能源的高福利经济。也就是说，非物质经济是以实现极少资源消费的繁荣为目标的经济。因此，实现非物质经济是实现循环经济的关键。"非物质化"一词通常广泛地用来表示工业产品所用材料重量减少的特性。人们也可把非物质化定义为工业产品中"内在能量"的减少。非物质化是材料和能量得到可持续地充分利用的先进经济的必然结果。这个问题从环境的观点来看特别有意义，因为较少材料的使用在生产和消费的两个过程中都能导致较少废物的产生。具体方法大致分为以下两类。

1. 从生产优先到服务优先的转变

生产者不再是推销产品而是推销服务，使用者无需购买和拥有物品，只需在一个为满足其需要而组织起来的体系中支付服务费用就可以了，享受产品性能而非产品。非物质经济的理念是市场出售的并非"产品"而是产品的"性能"。我们的目的不是拥有产品，而是为了享受其性能。所以说，非物质经济的发展促进了"产品"向"服务"的转换[①]。

"产品"是提供服务的"机器"。服务是我们的最终目标，也正是服务才是我们最终的享受。对此可以举出某些先行者的例子。施乐公司多年来一直是世界著名的复印机制造巨头之一，值得注意的是最近几年来它在美国等地已经不再生产"新的"复印机——当然新设备、新元件仍需要生

---

① 谢芳、李慧明："非物质经济——实现循环经济的关键"，《资源节约与环保》，2006年第3期，第34页。

产，但只是需要时投入——而是将重点转向为已经在服役的复印机提供维护和保养。随着技术的不断进步，他们在维修中用一些新技术的部件来取代一些已经不使用的部件，然而并不改变机器的其他部分。换言之，在施乐公司，作为铁板一块的产品，"复印机"的概念变得模糊了：它让位于一种源自不同部件的组装的运作机制，在这个机制中，每个部件的使用寿命和强度被优化了。因此，不存在严格意义上的新机器。事实上，甚至"新产品"的概念都消失了。最有意义的是，这种经营方式被证明在经济上是有利可图的。1992年施乐公司在美国市场上节省了5000万美元的原材料购置、后勤服务和库存等费用，1993年节省经费达到了1亿美元。

2. 持久使用与集约使用

持久使用即通过延长产品的使用寿命来降低资源流动的速度[①]。如果人们将产品的使用寿命延长1倍，那么就是相应地减少了一半的废料。实现持久使用战略有四个基本途径：（1）要求部件的标准化和与其他机器的兼容性，如标准尺寸设计可以使计算机、电视机和其他电子装置中的电路非常容易进行更换和升级，而不必更换整个机器；（2）维护保养延长产品的使用寿命；（3）针对要求相对较低的用途使用一些已经使用过的物品（梯次使用）；（4）向需要的部门转卖企业和个人已经不再需要的东西。

集约使用即通过对产品的利用达到某种规模效应，从而减少分散使用导致的资源浪费。达到集约使用的途径可以有：（1）合伙使用或共享使用。例如，偶尔使用的汽车应该供多个驾驶员使用，办公室等基础设施也可以安排让偶尔需要的职员共享。在中国由于独生子女政策，可以鼓励三代同堂的家庭结构。这样可以减少住宅和家用材料消耗量的减少，从而推进非物质化的发展。在这方面丹麦给世界作出了榜样，他们最早提出了"co-housing"共同合用住房的理念并加以实施。（2）发展租赁业加强周转。对于婴儿用品等某些短暂性用品可以发展租赁业加强周转。（3）要努

---

① 谢芳、李慧明："非物质经济——实现循环经济的关键"，《资源节约与环保》，2006年第3期，第34页。

力设计出多用途而不是单用途的产品。例如,一种机器可以集传真、复印、扫描等功能于一身,且每一种功能的性能不低于传统的单功能机器的功能。

当然,非物质化也是有一定限度的,即物体,如日用器材,做成多小仍能与人类的物理尺寸的极限相匹配,也与工作目的相协调是一个要考虑的问题。但是,随着科学技术的不断发展,许多极限问题得以迎刃而解,如计算机的外型可以变小,但键盘的尺寸是要考虑人们输入信息时的方便和效率以及人手的形状和大小,这一度成为笔记本电脑尺寸的最大限制,但随着平板电脑的出现,键盘已经消失不见,这就是非物质经济所产生的巨大社会变革。

六、本章小结

本章主要从五个方面论述了非物质经济的战略使命,强调发展非物质经济是各国产业结构升级的必然要求;是各国提升自身软实力的内在选择;是提升民众幸福度的最佳途径;是应对老龄化社会的有效方式;是发展循环经济的必经之路。本章在最后一部分对非物质经济及环境保护进行了简单论述,在接下来的章节中,本书将对绿色经济以及非物质经济在其中的作用作深入分析。

第11章 结论：真正的绿色经济

建设生态文明，是关系人民福祉、关乎民族未来的长远大计。面对资源约束趋紧、环境污染严重、生态系统退化的严峻形势，必须树立尊重自然、顺应自然、保护自然的生态文明理念，把生态文明建设放在突出地位，融入经济建设、政治建设、文化建设、社会建设各方面和全过程，努力建设美丽家园，实现各民族永续发展。

坚持节约资源和保护环境的基本国策，坚持节约优先、保护优先、自然恢复为主的方针，着力推进绿色发展、循环发展、低碳发展，形成节约资源和保护环境的空间格局、产业结构、生产方式、生活方式，从源头上扭转生态环境恶化趋势，为人民创造良好生产生活环境，为全球生态安全做出贡献。

——中国共产党第十八次代表大会报告

一、理念的转换

（一）"天人合一"的哲学思想

可以说，"天人合一"这一和谐生存发展的理念是一直蕴含在中华民族传统文化之中的。在儒家文化中，"天"指的是道德准则和观念，是要告诫人与人之间相处不要被私欲名利所诱惑；而在道家文化中，"天"指的是自然的原本面貌，强调人们应该与自然融为一体，认为人类社会所制定的制度、规章都是有违自然的"改造"。

在这里，我们所提出的"天人合一"的理念与中华传统儒家、道家哲学思想有异曲同工之处，但是在工业革命以来的现代化进程中，单单强调人要融入自然或者仅仅提及道德准则显然是单薄而缺乏解释力的。

本书所强调的"天人合一"的哲学理念，更多的是与工业社会中极端的"人本主义"相对应，前者是对后者的批判。人类进入工业社会之后，技术的创新和生产力的发展进入了前所未有的新阶段，但是与此同时对自然资源的消耗和掠夺也是空前的。根据资本主义经济发展的逻辑，经济系统是封闭而自治的，由于经济增长所导致的对资源的过度消耗、对环境的过度破坏都不被列入经济增长的成本里，从而产生了经济增长的"负外部性"。这一逻辑的哲学基础则是"人本主义"对人的个体利益的推崇，而不考虑对自然的维护。

而"天人合一"的思想则要求人类既不能做自然的奴隶，又不能凌驾于自然之上，在与自然相处的过程中，应努力使自己各方面的活动，特别是经济活动，与生态系统协调一致，不破坏人与自然系统的辩证统一性。这正是大力发展非物质经济所要强调和关注的核心问题。非物质经济的发展也需要依靠科学技术，也会消耗自然资源，但是非物质经济的理想状态是将更多文化、精神、意义、符号层面的内容作为生产系统的主要因素，即使要使用自然资源，也是适可而止且可持续地使用。

（二）高效、低耗、可持续的资源利用

中国共产党的十八大报告首次将"生态文明建设"与经济建设、政治建设、文化建设、社会建设并列，"五位一体"地建设中国特色社会主义。这与非物质经济发展所要求的对自然资源高效、低耗、可持续的使用是密切相关的。在这份报告中提出的"坚持节约资源和保护环境的基本国策"、"坚持节约优先、保护优先、自然恢复为主的方针"、"着力推进绿色发展、循环发展、低碳发展，形成节约资源和保护环境的空间格局、产业结构、生产方式、生活方式，"、"要按照人口资源环境相均衡、经济社会生态效益相统一的原则,控制开发强度,调整空间结构,促进生产空间集约高效、生活空间宜居适度、生态空间山清水秀"等论述都很好地诠释了非物质经济对于资源消耗的观点和要求。

正如前文所述,非物质经济的诞生和发展一方面是由于以信息技术为代表的技术创新带来的新经济的推动,另一方面也是由于后现代社会对于工业社会和现代性的反思。这一反思不仅来源于人们对于单一化、机械化的工业制造品的不满,而且是基于工业社会的物质经济发展对自然资源损耗和环境破坏的惨痛现实的反省和警觉,这是更加紧迫和现实的问题。

传统物质经济发展观并不考虑生态环境的稀缺性这一要素。这是因为在相当长的一段时间内,经济系统的外部生态资源确实受人类经济活动的影响相对较小,因此不予考虑。而资本、技术、劳动力等资源则被认为是决定一个经济系统是否能够快速长期增长的关键要素。然而,随着物质经济的增长,当整个生态系统从一个"空的世界"转变为一个"满的世界"的时候,当自然环境所提供的资本与人造资本一样,成为稀缺的限制性因素的时候,传统物质经济发展的问题就显现了出来。这也正是为什么要提倡大力发展一个高效、低耗、可持续资源利用的非物质经济系统的原因所在。

要更好地实现自然资源的高效、低耗、可持续使用,就必须提高资源的获得成本,同时提高其他资源的利用率。一个比较可行的办法就是对自然资源的使用实行较高的税收,而与此同时减少对劳动力的征税。

(三) 人的心智成为主要生产力

很多人认为,现在的信息社会与以往的农业社会、工业社会的一大显著区别是经济发展以"知识与信息为核心",这一观点具有一定的正确性,因为"知识与信息"确实是当前经济发展的一大动力,其起到的作用也确实比农业社会、工业社会经济发展要大得多。但是,这种观点并没有切入当前经济的本质特征,因为在工业革命时期,知识与信息的创新也是推动其发展的重要动力,如果在工业革命时期没有知识、信息和技术的创新发展，那么许多发明创造都不可能产生，也不会颠覆性地改变了人类生产和生活的形式、关系。可以说，知识和信息的创新在任何一场经济社会变革中都起到了至关重要的作用。

那么，当前这场经济社会变革的核心到底是什么呢？曼纽尔·卡斯特认为，这场变革的核心是"如何将知识与信息应用在知识生产与信息处理及沟通的设施上"，也就是说"人类的心智本身第一次成为一种生产力，而不是生产体系中的决定性元素"——这也恰恰就是非物质经济的显著特征。

非物质经济是意义、符号和精神的经济，但它同时也是智力的经济。正如第一章所说，信息技术为非物质经济的大规模发展提供了技术的条件。这种技术基础具体表现在：在信息技术的环境下，创新与创新的运用之间存在一种累积性的反馈回路，拥有心智的使用者通过学习操作技术，来学习技术及其蕴含的科学原理，并在这种操作技术的过程中找出新的应用方式，从而完成创新。创造与操纵符号的社会过程，和生产与分配财富及服务的能力之间，产生了一种非常紧密的联系。

（四）非物质经济与物质经济的协调适应

物质经济的发展观某种程度上沿袭了发展主义的思想脉络，但它将发展与人和自然的和谐相处分裂开来；非物质经济则是建立在人与自然、与经济发展相统一的思想基础之上。不过，虽然两种经济模式的思想基础不尽相同，而且非物质经济的思想基础更加道义，并且适应当今世界经济社会的现实。但是，如果一种经济系统仅有非物质经济而没有物质经济，那也是无源之水、无本之木。在非物质经济高度发达的经济系统中，物质经济也不再是传统的物质经济，而是建立在与非物质经济一脉相承的哲学基础之上的对资源高效利用、生态友好的物质经济。

物质经济的发展是非物质经济发展的基础，只有当物质经济发展到一定程度之后，非物质经济的发展才会成为制约或者促进物质经济发展的重要因素。然而需要指出的是，当一个社会的经济进入了一定阶段，非物质经济占到了整个经济总量的绝大多数时，并不意味着物质经济就不重要了。因为，虽然非物质经济解决了人们"望闻思乐美"这些高层次的精神需求，但是"衣食住行"等人类生活生存基本的物质需要也是需要被满足的。

当今很多发达国家的非物质经济在国民经济中的比重已经大大超过了物质经济，如美国、英国、法国等，但产业空心化成为一个困扰这些国家和地区的大问题。这些国家和地区之所以没有出现物质经济的供给不足是因为全球贸易的存在，它们通过非物质经济产品和服务的出口换取满足衣食住行需求的物质经济产品，但这显然是存在一定风险性的。虽然在目前经济全球化进程不断加速的"地球村"中，自由贸易不存在技术性的障碍，用高附加值的非物质经济产品和服务出口换取低附加值的物质经济产品进口，看似也是一桩划算的买卖，但不免在特殊时期，如战争时期，贸易的中断很有可能就会严重影响到这些国家和地区人们的物质需求。

除此之外，全球化的过程实际上也是发达国家延续并不断扩大其先发优势的过程，通过国际贸易来解决本国物质经济产品供给的不足，也仅仅是发达国家和地区的"专利"。所以，当前问题的出路并非是一味地发展非物质经济，或者快速地进入发达国家的行列以占据国际贸易中的优势地位，而是通过技术创新、循环统筹、制度约束将传统的物质经济发展为一个人与自然、与社会发展相统一的经济系统。

二、中国发展非物质经济的优势条件

（一）雄厚的经济基础和庞大的市场容量

中国改革开放三十多年来的经济高速增长为进一步发展非物质经济打下了良好的经济基础。中国在2011年已经超越日本成为世界第二大经济体。无论是政府财政还是企业资本都已经达到相当规模——中国的外汇储备总量位居世界第一，巨额的财政负担起了大规模的基础设施建设和覆盖

非物质经济概论

全民的社会保障体系;而流行在投资界的一句话叫做"中国不缺钱,也不缺技术,缺的是资本和技术之间的桥梁,以及如何将技术转化为产品"。可以说,无论是政府投入还是企业主导,非物质经济的发展是不缺少启动资金的——更何况非物质经济的发展对于资本的依赖性并不是很高,就连哥伦比亚也能独具一格地生产出《Ugly Betty》这样风靡全世界的文化产品——关键是如何找到一条合适的道路和一种合适的模式。

与雄厚经济基础相伴的,是中国庞大的消费市场容量。正如中国在改革开放早期提出的"用市场换技术"的思路——暂时不考虑是否真的换取了国外的核心技术并获得技术创新的核心能力——中国13亿人口的庞大市场容量是任何经济和产业蓬勃发展的肥沃土壤。

从现有的数据中即可观察出一些趋势,2003年开始,中国统计局和中宣部、文化部等部门联合开展了"文化及相关产业统计"的研究。统计结果显示,从2004年至2008年,中国全国文化产业增加值年平均增长速度为22%,高于同期的国内生产总值年均增长率,这说明中国文化产业已成为国民经济新的增长点。[①] 而根据中国统计局发布的2005年前三个季度全国城镇居民家庭收支数据显示,中国城镇居民消费支出中,教育文化娱乐服务类支出增长11.6%,其中文化娱乐服务支出增长52%,在所有消费支出项目中居于首位[②]。

(二) 丰富的历史文化资源

中华民族拥有丰富的历史文化资源,中国也是四大文明古国中唯一完整留存下来的国家,丰富的历史文化资源是中国发展非物质经济的另一大优势。比如,《西游记》、《三国演义》、《水浒传》、《红楼梦》等四大名著都是特别优秀的文化产品的原材料,甚至西游记的故事还被两部日本漫画《龙珠》和《最游记》借鉴采用,并进行内容的再生产创新,成为日本动

---

① 高书生:"关于文化产业发展若干问题的思考",《中国编辑》,2011年第1期,第4~8页。
② http://theory.people.com.cn/GB/49154/49155/4314395.html。

漫产业的代表之作。而花木兰的故事也被迪斯尼翻拍成动画片在全球放映。

在感叹中国故事走向全球舞台的同时，中国也不得不反思，为什么这些土生土长的中国文化资源却被美国、日本吸纳过去，并创造出了极高的经济和文化价值。中国虽然拥有异常丰富，甚至可以说全世界最为丰富的历史文化资源，但是对这些资源的利用和创新却远远落后于其他国家。

此外，中国也是一个多民族的国家。在少数民族聚居地有着各具特色的多元民族文化，这也是中国在发展非物质经济时的一大瑰宝。尤其需要指出的是，中国的少数民族往往都聚集在西部地区，这些地区也恰恰是中国经济不那么发达、但自然资源和生态环境都没有受到工业生产太大破坏的地方。在非物质经济所要求的人与自然和谐相处的理念之下，完全可以既充分利用少数民族地区文化资源，又依靠先进的技术和理念对其自然资源和环境进行高效、低耗、可持续开发和利用，探索一条具有特色的发展非物质经济和物质经济的新道路，实现其"后发优势"。

三、中国发展非物质经济所面临的问题

（一）创新的动力不足

虽然中国的经济在过去的几十年中取得了卓越的成就，但中国一直以来都只是一个制造大国，而不是创造大国；是一个加工大国，而不是一个设计大国。虽然美国、英国、法国等发达国家本国的物质经济需求现在大部分都需要依靠中国的产品出口来满足，但这些物质经济产品的设计、开发和营销仍然是由这些发达国家来完成的，而设计、开发和营销则恰恰是产生高附加值的非物质经济的部分。在这样一条产业链中，中国获得利益仅仅是设计者和品牌拥有者所获得利益的零头，但付出的代价和成本却是大量的资源消耗和劳动力投入。

中国企业缺少高附加值品牌。品牌凝聚着一件产品或服务的设计、开

非物质经济概论

发、研制,是精神、意义、符号的生产过程。在创造和维护一个品牌的过程中,需要的就是把人类的心智作为一种直接的生产力,进行不断的创新。

与自主品牌相类似的,还有技术的创新,在当今世界的经济系统中,技术和知识的产权保护实际奠定了发达国家攫取高额垄断利润的基础,使发展中国家在国际竞争中依然处于极为不利的地位。中国对于技术创新的理想模式可以归结为一个"三段式"的运行轨迹:引进技术—消化吸收—自主开发。可问题的要害在于,中国总在做第一段,一次又一次引进,而第三段总是遥不可及,结果是深深陷入了"引进—落后—再引进—再落后"的怪圈。

中国提出科教兴国,提出要成为创新型的大国,国家重点扶持和发展自主品牌和技术改革已经有十多年的时间了。现在几乎所有的代工企业和行业都认识到品牌、设计、技术创新等非物质因素的重要性,整个国家和企业界也想要从"中国制造"走向"中国创造",试图摆脱单纯依赖资源和廉价劳动力获取低额利润的物质经济道路,走上依靠品牌和技术创新的非物质经济发展道路。

(二) 高层人才土壤的缺乏

既然人的心智本身就成为一种生产力,信息和知识又在这一经济系统中起到了极其重要的作用,那么可以说在非物质经济的发展过程中,人力资本的重要性就不言而喻了。然而,在中国的现实中,人力资本往往制约了非物质经济的发展。这倒不是因为中国缺少人才——中国的高等教育已然普及化,顶尖的科研成果和人才也并不缺乏,关键的是高层次的人才缺乏适合其发展的土壤,这可能与中国的制度和文化都有关系。

从制度上来说——主要是管理制度——科层制仍然是大多数中国企业在其组织中对工作进行控制和协调的原则。一般来说,科层制组织的基本特征有专业化、权力等级、规章制度和非人格化的特征。起源于工业社会的科层制在其制度设计里体现出了效率、稳定与公平的价值目标,成为极具效率的组织形式。但是，科层制却可能并不适用于现在这个时代以信息技术为主导的新经济，以及非物质经济的创新要求。因为根据科层制的特征，组织中的个人"都有着固定不变、明确规定的工作范围"，而正如前文所说，在信息技术的环境下，创新与创新的运用之间存在一种累积性的反馈回路，拥有心智的使用者通过学习操作技术来学习技术及其蕴含的科学原理，并在这种操作技术的过程中找出新的应用方式，从而完成创新。由于科层制的组织管理制度对职能的界定过于清晰而呆板，创新的不确定性和偶然性与这样一种制度是很难相容的。

在文化上，中国的语言导致了中国文化存在着对权威过度崇拜的特征。中国的语言是一种高文化的语境，也就是说人与人之间的言语交流存在某种需要"意会"而不可"言传"的内容。这一特点很容易加重对权威的神话，符号价值越来越超过实际的使用价值，从而使实际的事物空洞化。除了对于权威的过度崇拜外，中国文化中对经验的过度信任也是阻碍创新的一个因素。在西方的文化中，对于经验的信任并不被看重，反倒关注对于观察的信任。举一个小例子，在美国的幼儿园教育中，老师会要求学生观察一只龙虾，然后指出龙虾的眼睛、触须、嘴巴、脚分别在哪里；而在中国，很有可能就是老师告诉学生龙虾的各个部位在哪里，而让学生记住则可以了。一般而言，经验信任效率非常高，但无法发现新的东西；而观察信任效率比较低，而且往往会"刨根问底"，但只有注重对观察的培养，创新才有可能产生。

四、发展真正的绿色经济

（一）创新氛围的形成

创新氛围和创新场所是如何形成的？卡斯特对此有一个非常详尽的研究。他对50年代美国硅谷的创新氛围进行了研究，发现这个创造了集成电路、微处理器、微电脑等重要技术的地区由大约25万信息技术劳工所支

非物质经济概论

撑。在这个"创新中心"里,汇集了以下要素:大批训练有素,出身该地区主要大学的工程师和科学家;国防部提供的大笔资金和充足的市场需求;风险投资产业的兴起和迅速发展;以及早期阶段斯坦福大学作为这个网络枢纽的聚集能力[1]。大学的餐厅、咖啡馆以及硅谷各个小镇中心区的聊天场所里生长了无数的创业计划,新的技术和创新也在这里扩散。这种创新环境的重要性可能超过斯坦福大学里的学术研讨会。

卡斯特对创新氛围的研究得出了两个重要结论:首先,信息技术革命的发展对创新氛围的形成贡献显著。在创新氛围中,发现和应用通过不断试错、学习的过程得以产生和成熟。其次,一旦创新氛围得以形成,就会产生很大的能动性,吸引世界各地的知识、投资与才智之士[2]。

(二) 政府与民间的互动

那么,创新氛围是否能够在除硅谷以外的其他地方复制呢?答案是肯定的。卡斯特的研究发现,从加州到日本,从新英格兰到老英格兰,从巴黎南部到台湾新竹,从法国南部的索菲亚—安泰波尼斯到西伯利亚的学术村阿卡德格罗多可,从塞林诺格勒到大德,从慕尼黑到汉城,在信息时代里,科学技术知识、机构、公司与技术人力资源的汇集乃是创新的熔炉。

而这种融合既可以是民间自发的,也可以是政府主导的。比如,日本就利用通产省的策略性规划,以及政府与财团之间的联系,使得日本的很多技术赶超美国甚至领先于美国;英国在创意产业的管理体制上也通过中央政府的纵向管理与地方政府和非政府部门的横向管理来进行。国家文化、媒体和体育部是创意产业管理的核心部门,非政府公共文化机构和地方行政部门也承担重要的管理职能。

---

[1] 曼纽尔·卡斯特著,夏铸九、王志弘等译:《网络社会的崛起》,社会科学文献出版社2001年版,第74页。
[2] 同注释[1],第77页。

五、结语

"非物质经济"是真正的"绿色经济"。作为一个发展中国家,中国在发展非物质经济上一方面把本民族具有的丰富历史文化资源、雄厚的物质经济基础和广阔的市场结合起来,而另一方面在人才培养和创新机制上还需要着力改进和完善,以适应非物质经济发展的需要。政府和民间的有效合作有利于创新氛围的形成,以推动非物质经济的迅速发展。

后　　记

　　历经五年的潜心研究，《非物质经济概论》一书终于与广大读者见面了。撰写本书的目的主要是向世人阐明：经济活动应分为物质经济活动和非物质经济活动。让人们知道，物质经济活动是为人们解决"衣食住行用"，非物质经济活动是为人门解决"望闻思乐美"和提升物质经济的价值；人们对物质经济的需求是有限的，而对非物质经济的需求是无限的；物质经济是非物质经济的载体，非物质经济是物质经济的魂；人们对物质经济产品的享受是有限的，而对非物质经济产品的享受是无限的。非物质产品的消费给人们带来最美的感觉和最美妙的享受。

　　任何物质的产品都要借助非物质的能量才能使自身的经济价值得以最大化。所谓中国8亿件衬衫或1亿双鞋换一架飞机就充分说明了非物质经济相对于物质经济的重要性。我们今天研究非物质经济就是为了充分发挥物质经济的价值。使我们地球上有限的物质资源通过非物质经济的活化作用得到最大的效用。从而为我们的子孙后代节约更多的物质资源。以使我们能够呼吸到最新鲜的空气，喝到最清洁甜美的地下水，消耗最少的物质资源，得到最美的人生享受。

　　非物质经济虽然说是一门新学科，但是从人类有了经济活动以来，它就贯穿于经济活动的始终。只是没有一套完整的理论体系和架构把它更加理论化、系统化地表达出来。从而使它成为了"难识庐山真面目"的雾里花。

后记

21世纪是一个信息高速化的社会，而信息又是涵盖在非物质经济的概念中，也正是信息的高速传播化才使经济发展更加自由化、迅猛化、流动化、价值化。

《非物质经济概论》一书的出版，使我们对经济发展活动的规律、目标、价值有了一个新的完整的认识，以期使经济活动更趋向合理化、价值化、享受化。

由于自己所掌握的知识浅薄，书中难免有很多不完善的地方。敬请广大读者提出建设性的意见，以便再版时修订。

最后，特别鸣谢清华大学非物质经济研究中心的同仁们对本书成作的支持。感谢清华大学社会学院李强院长的精心指导。

作　者

2013年5月